20
23

RETIRO DE
ADVENTO
E NATAL

SERVIR
REDE INACIANA
DE COLABORAÇÃO, FÉ E ESPIRITUALIDADE

PARÓQUIAS, IGREJAS, SANTUÁRIOS E CAPELANIAS
REDE DIAKONIA

JESUÍTAS BRASIL

2023

RETIRO DE ADVENTO E NATAL

Edições Loyola

Diagramação: Desígnios Editoriais
Capa: Ronaldo Hideo Inoue
   Composição sobre detalhe da imagem
   de © sabino.parente | Adobe Stock.
Preparação e revisão de texto: Maria Suzete Casellato

Edições Loyola Jesuítas
Rua 1822, 341 – Ipiranga
04216-000 São Paulo, SP
T 55 11 3385 8500/8501 • 2063 4275
editorial@loyola.com.br
vendas@loyola.com.br
www.loyola.com.br

Todos os direitos reservados. Nenhuma parte desta obra pode ser reproduzida ou transmitida por qualquer forma e/ou quaisquer meios (eletrônico ou mecânico, incluindo fotocópia e gravação) ou arquivada em qualquer sistema ou banco de dados sem permissão escrita da Editora.

ISBN 978-65-5504-294-8

© EDIÇÕES LOYOLA, São Paulo, Brasil, 2023

Sumário

Apresentação, 7

Introdução, 9
1. O que é o Retiro de Advento e Natal?, 9
2. Como organizar-se para o Retiro de Advento e Natal?, 9
3. Como fazer a oração pessoal diária?, 10
4. Como fazer a revisão da oração?, 11
5. Como fazer uma leitura orante?, 12
6. Como fazer uma contemplação evangélica?, 13
7. Como fazer a oração de atenção amorosa?, 14
8. Acompanhamento espiritual do Retiro de Advento e Natal, 15
9. "Dicas" para os animadores espirituais do Retiro de Advento e Natal, 16

Primeira Semana do Advento, 19
Dia 3. Domingo da 1ª. Semana do Advento, 21
Dia 4. Segunda-feira da 1ª Semana do Advento, 23
Dia 5. Terça-feira da 1ª Semana do Advento, 25
Dia 6. Quarta-feira da 1ª Semana do Advento, 26
Dia 7. Quinta-feira da 1ª Semana do Advento, 27
Dia 8. Sexta-feira da 1ª Semana do Advento, 29
Dia 9. Sábado da 1ª Semana do Advento, 30

Segunda Semana do Advento, 31
Dia 10. Domingo da 2ª Semana do Advento, 33
Dia 11. Segunda-feira da 2ª Semana do Advento, 35
Dia 12. Terça-feira da 2ª Semana do Advento, 37
Dia 13. Quarta-feira da 2ª Semana do Advento, 39
Dia 14. Quinta-feira da 2ª Semana do Advento, 41
Dia 15. Sexta-feira da 2ª Semana do Advento, 43
Dia 16. Sábado da 2ª Semana do Advento, 45

Terceira Semana do Advento, 47

Dia 17. Domingo da 3ª Semana do Advento, 50
Dia 18. Segunda-feira da 3ª Semana do Advento, 52
Dia 19. Terça-feira da 3ª Semana do Advento, 54
Dia 20. Quarta-feira da 3ª Semana do Advento, 56
Dia 21. Quinta-feira da 3ª Semana do Advento, 58
Dia 22. Sexta-feira da 3ª Semana do Advento, 60
Dia 23. Sábado da 3ª Semana do Advento, 62

Quarta Semana do Advento, 65

Dia 24. Domingo da 4ª Semana do Advento, 66
Dia 25. Segunda-feira. Natal do Senhor, 69
Dia 26. Terça-feira. 2° Dia da Oitava de Natal, 72
Dia 27. Quarta-feira. 3° Dia da Oitava de Natal, 75
Dia 28. Quinta-feira. 4° Dia da Oitava de Natal, 77
Dia 29. Sexta-feira. 5° Dia da Oitava de Natal, 79
Dia 30. Sábado. 6° Dia da Oitava de Natal, 81

Introdução à Última Semana, 83

Dia 31. Domingo. Festa da Sagrada Família, Jesus, Maria e José, 85
Dia 1. Segunda-feira. Solenidade de Santa Maria, Mãe de Deus, 87
Dia 2. Terça-feira. 4° Dia da Oitava de Natal, 89
Dia 3. Quarta-feira. 5° Dia da Oitava de Natal, 91
Dia 4. Quinta-feira. 6° Dia da Oitava de Natal, 93
Dia 5. Sexta-feira. 7° Dia da Oitava de Natal, 95
Dia 6. Sábado. 8° Dia da Oitava de Natal, 97
Dia 7. Domingo. Epifania do Senhor, 99

Oração de revisão da caminhada, 101

Apresentação

Vem e fica conosco, ó Emanuel. A tua presença é esperada e desejada. Neste período especial, quando a Igreja se prepara e espera pela chegada do senhor Jesus, somos convidados e convidadas a esta experiência de fazer um retiro, como uma peregrinação interior em direção à celebração do Natal, quando o Senhor se encarna em nossa vida e em nosso cotidiano, tirando as trevas do nosso coração e trazendo a luz verdadeira da salvação.

O Advento é tempo de esperança, quando, no interior do nosso coração, queremos nos preparar para acolher o menino Jesus, com o seu reinado, com a sua proposta e programa de vida. O filho de Deus encontrará morada em nossos corações? Todos nós estaremos atentos àquilo que Jesus virá nos trazer?

Abrir a nossa vida interior para mais um tempo de Advento é a melhor preparação para a celebração do Natal do Senhor. Deus Pai, em sua bondade, decide que diante da nossa falta de conversão, e do nosso coração endurecido, das nossas injustiças, da nossa falta de caridade, Ele quer continuar nos amando, por isso decide mandar seu Filho para cada um de nós. Preparemo-nos, irmãos e irmãs, para este encontro com o Menino na manjedoura, tão frágil e tão pobre, quebrando as nossas expectativas humanas, quando iremos perceber que Deus está nas coisas simples e pequenas. Teremos quatro semanas de preparação para a chegada de Jesus e para a celebração do Natal. Preparemo-nos, deixemos que em nossa casa habite o Senhor.

Que o senhor Jesus entre em cada casa e faça morada em nosso cotidiano.

Muito obrigado a todos vocês que compraram o livrinho do Advento e do Natal e que participam conosco desta dinâmica eclesial. Que seja este um tempo de graça, de abertura, quando o Sol novo vem nos visitar, quando o broto nascerá, deixando para trás as trevas, renovando a nossa Esperança de frutos novos. Amém.

Olhemos para a Estrela que brilha diante de nós e adoremos o Senhor, acolhamos a sua pequenez, e que Maria Santíssima, sua mãe e nossa mãe, nos acompanhe nesta peregrinação, neste tempo santo.

Pe. Laércio Lima, SJ

Introdução

1
O que é o Retiro de Advento e Natal?

O Retiro de Advento e Natal é um caminho de oração diária, um roteiro que acompanha a liturgia, com exercícios elaborados segundo a metodologia de Santo Inácio de Loyola. Esse roteiro oferece uma forma especial de fazer o retiro individualmente, em casa, no tempo do Advento e do Natal, visando a uma vivência espiritual mais profunda desses importantes tempos litúrgicos. Também pode ser feito em grupos, em comunidades.

Fundamentalmente, o Retiro de Advento e Natal é um caminho de oração, um encontrar-se com Deus cotidianamente, por meio dos exercícios de oração, sugeridos e elaborados neste livro que ora apresentamos.

2
Como organizar-se para o Retiro de Advento e Natal?

Como nos ensina Santo Inácio, é preciso muito ânimo e generosidade para começar e perseverar no Retiro, por isso é importante que você dedique ao menos 30 minutos diários à oração pessoal, seguindo a metodologia que será explicada abaixo. Se você já tem sua rotina de oração inaciana, pode reservar até 1 hora.

Independentemente do tempo, é essencial escolher um horário propício para o "encontro íntimo com o Senhor". O melhor momento é aquele em que você está mais descansado(a), menos disperso(a) e agitado(a) pelas preocupações do dia. Recomendamos que seja sempre à mesma hora. Se isso não for possível, pelo menos faça um plano semanal. Além disso, o

Retiro requer muita fidelidade, a fim de colocar o Senhor acima de outros compromissos. Logo, vamos ao encontro do Senhor, em local e hora marcados!

Recomendamos também que você tenha uma espécie de diário espiritual (caderno de vida), no qual poderá anotar, após a oração, aquilo que aconteceu de mais importante e significativo para o crescimento na fé e em sua prática na vida, além de desejos, apelos de conversão pessoal etc. Isso vai facilitar que você perceba os passos da caminhada e a partilha da oração. Vale a pena anotar os toques de Deus.

3
Como fazer a oração pessoal diária?

a. Local: para uma conversa íntima, o lugar é importante, pois ajuda na conversa, sem distrações nem muitos ruídos. É importante também desligar o celular e evitar receber visitas. A ambientação também ajuda, por isso é bom sempre ter algo onde possa repousar o olhar: uma vela, um crucifixo, uma imagem, um ícone... e, claro, a Bíblia, com o texto a ser rezado previamente marcado.

b. Postura: assim como o local, a posição corporal pode ajudar na oração. Deve ser confortável, mas não relaxada demais. Uma dica é sentar-se com os pés apoiados no chão, talvez sem sapatos, com os braços soltos, e o dorso das mãos sobre a coxa, com as costas eretas. Ou seja, fique numa posição em que você não tenha que se reacomodar a todo momento.

c. Iniciando sua oração: respire pausadamente, preste atenção à sua respiração, inspire o amor e a presença de Deus; expire suas preocupações e tensões. Pode ajudar colocar uma música instrumental suave. Pacifique-se. Acolha os ruídos próximos e distantes, pois a vida pulsa ao seu redor, mas este é um momento apenas seu com Deus. Assim que se sentir pacificado(a), faça lentamente o sinal da cruz, saudando a Deus. Você nunca está só. Deus já o(a) aguarda para conversar!

d. Acolhimento: acolha a presença de Deus como amigo e invoque o Espírito Santo, para que Ele o(a) ajude a rezar.

e. Oração preparatória: faça uma oração "Senhor, que todos os meus pensamentos, palavras, sentimentos e ações estejam ordenados apenas para Ti, para que os transforme e ordene". Que você esteja totalmente voltado(a) a Deus durante a oração.

f. Pedindo a graça: sugerida em cada semana. Em cada oração, pede-se uma graça, que aponta para onde se está caminhando. Se você se distrair durante a oração, repetir a graça ajuda a retomar o "caminho".

g. Texto bíblico do dia: dedique tempo à Palavra de Deus. Não se trata de analisar o texto, mas de perceber qual palavra ou imagem toca seu coração, que lembranças traz, o que aponta. Saboreie a Presença de Deus dentro do seu coração. Converse com Deus, como um amigo fala a outro amigo.

h. Despedida amorosa: termine agradecendo tudo o que se passou na oração. Depois, reze um Pai-Nosso ou uma Ave-Maria e encerre com o sinal da cruz.

4
Como fazer a revisão da oração?

Ao terminar de rezar, Santo Inácio sugere revisar a oração, para refletir sobre o que ocorreu durante *cada tempo de oração*. Para isso, é importante anotar a data, o texto rezado e analisar como se saiu: que elementos ajudaram? Que dificuldades apareceram? Isso pode ajudar a preparar melhor a próxima oração.

Então, refletir sobre o que foi mais importante para o crescimento da fé e para a vida:

- Que palavra, frase ou imagem mais o(a) tocou?
- Que sentimentos predominaram na oração? (Não emoções, mas sentimentos profundos.)
- Sentiu algum desejo, inspiração, apelo à conversão?
- Sentiu alguma resistência para seguir esse apelo ou inspiração? Algum medo? Desânimo?

Anotar no caderno de vida (diário espiritual). Além de recolher os toques de Deus, essa síntese pode ser utilizada para partilhar a oração, em grupo ou com seu(sua) acompanhante.

5
Como fazer uma leitura orante?

Quando se trata de um texto de ensinamento da Escritura, ou de uma oração, por exemplo o Pai-Nosso, Santo Inácio recomenda que se reze desta forma:

a. Leitura do texto: leia bem devagar, frase por frase, com atenção a cada palavra... Ou seja, uma leitura com todo o seu ser. Pergunte-se: o que diz o texto em si?

b. Meditação: não tenha pressa de ler e entender tudo, pare onde o texto o(a) tocar interiormente, saboreie a Palavra. Pergunte-se: o que diz o texto para mim?

c. Oração: agora brota do coração, tocado pela Palavra lida e meditada, uma oração. Deus é Pai e nos ama muitíssimo. Pergunte-se: o que o texto me faz dizer a Deus? Esta oração pode ser de louvor, de ação de graças, de súplica, de silêncio. É necessário deixar que o Espírito reze em nós. Abra seu coração a Deus e expresse o que sente.

d. Aprofundando: agora é saborear o momento de intimidade com o Senhor, acolhendo o que tocar o seu coração e sua mente: desejos, luzes, apelos, lembranças, inspirações, sentimentos, resistências... Pergunte-se: o que eu experimento ao rezar este texto?

e. Agindo: vendo novas todas as coisas em Cristo; a Palavra saboreada produz frutos de fé e amor, uma resposta amorosa concreta. Pergunte-se: o que fazer pelo Senhor?

f. Finalize sua oração com gratidão. Reze um Pai-Nosso ou uma Ave-Maria.

g. Após a oração, faça a sua revisão e anote (cf. número 4).

6
Como fazer uma contemplação evangélica?

Quando o texto é uma cena bíblica, especialmente um acontecimento ou mistério da vida de Jesus, Santo Inácio sugere fazer uma oração de contemplação. Contemplar é fixar o olhar com admiração, com encantamento, por isso, observar demoradamente, repousando o olhar na imagem. Ou seja, rezar também com os olhos da imaginação. Ele propõe alguns passos que podem ajudar:

a. Ler ou reler para recordar a história a ser rezada.

b. Ver, com os olhos da imaginação, *o lugar* onde se passa a cena evangélica (Casa? Montanha? Lago?...).

c. Procure *ver as pessoas* da cena; observe onde estão e o que fazem. Dedique um olhar demorado, sem querer explicar ou entender.

d. Tente *ouvir*, prestando atenção às palavras ditas ou implícitas. O que podem significar? E se fossem dirigidas a mim?

e. Perscrute *o que sentem*: as pessoas na cena têm nomes, histórias, sofrimentos, buscas, alegrias... Como agem? Como reagem? Tente perceber os gestos, os sentimentos e as atitudes, sobretudo de Jesus.

f. Deixe-se envolver pela cena. Contemple, saboreie e participe, se desejar.

g. *Refletindo, tire proveito* de tudo o que ocorreu durante a oração; deixe que a cena contemplada ilumine sua vida e história, aponte novos caminhos.

h. Finalize com uma despedida amorosa. Reze um Pai-Nosso ou uma Ave-Maria.

i. Terminada a oração, faça sua revisão e anote (cf. número 4).

7
Como fazer a oração de atenção amorosa?

Trata-se de uma retrospectiva orante do dia, conhecida como Exame do Dia ou Oração de Atenção Amorosa. É o exame espiritual de consciência a ser feito antes de se deitar, por uns 10 minutos. Santo Inácio de Loyola sugere *lançar um olhar para todo o dia vivido, em uma atitude de gratidão*. Não se limitar às falhas, mas ter uma visão mais ampla, para *tomar consciência da ação do Senhor* durante os eventos do dia e *colocar o futuro nas mãos de Deus*. Deve ser um exercício diário, mesmo depois do final do Retiro. Consta de cinco passos:

1 Agradecer

Traga à memória em que momento do dia você percebeu a presença de Deus e *agradeça-Lhe tudo o que viveu*. Gratidão é mais que um sentimento, é uma atitude, isto é, uma virtude que abre o coração.

2 Invocar o Espírito Santo

Invoque o Espírito Santo, *pedindo luz para olhar o seu dia com os olhos de Deus*, com clareza e amor.

3 Repassar o dia

Contemple o dia que passou. Deixe passar diante de seus olhos o dia todo ou se coloque diante de alguns acontecimentos. Não se trata de avaliar-se ou julgar-se, mas de buscar especialmente perceber a presença de Deus em si e nos outros. Permitiu que Deus atuasse em você, sendo sinal de sua presença e amor para com os outros? Dedique algum tempo àqueles acontecimentos que mais lhe chamam a atenção. Depois desse exame, encontra motivos para agradecer?

4 Pedir perdão

Se perceber que não foi atento(a) o bastante ao que o Senhor lhe pediu naquele dia, reconhecendo-se frágil ou omisso(a), *peça*

5 *perdão a Deus* por suas faltas ou pelo bem que deixou de fazer, não se deixando conduzir por seu Espírito.

Oração de conclusão

Peça ajuda para superar suas fragilidades, faltas e omissões. Confie ao Senhor o seu amanhã, com a esperança de que um novo dom venha a ser vivido intensamente na alegria e na esperança, com a graça de Deus. Reze um Pai-Nosso.

8
Acompanhamento espiritual do Retiro de Advento e Natal

Além das orientações dadas, seria desejável um acompanhamento mais direto. Tanto quanto possível, que os grupos sejam acompanhados por um orientador experiente nos *Exercícios Espirituais* de Santo Inácio, auxiliado por outros acompanhantes que se disponham a prestar esse serviço pastoral. Há duas possibilidades:

a. Recomenda-se que as pessoas que desejarem fazer o Retiro formem grupos por proximidade geográfica ou afetiva, sejam grupos já existentes ou a se constituírem. O objetivo é *reunir-se semanalmente*, de preferência, *para a partilha das experiências* (cf. número 9).

b. Dada a realidade pandêmica, criou-se também oportunidade de acompanhamento virtual. Várias obras, movimentos e serviços em todo o Brasil reúnem grupos para partilhas e orientações para o uso do material.

Partilhar a experiência de oração enriquece a todos do grupo. Como dito na Revisão da Oração, *a partilha é sobre as experiências durante as orações,* por isso é também um momento orante, em que cada um abre seu coração a Deus e aos irmãos, que acolhem no silêncio de seus corações, rezando uns pelos outros.

9
"Dicas" para os animadores espirituais do Retiro de Advento e Natal

Constituir grupos de no máximo 10 pessoas por animador(a), para que os encontros não sejam demorados (no máximo 1 hora) e haja tempo para que todos(as) falem.

Formados os grupos de pessoas unidas pelo desejo de viver esses tempos litúrgicos do Advento e Natal com mais intensidade, o(a) animador(a) espiritual pode:

a. Combinar local e data em uma primeira reunião para:
    - detalhar mais o sentido desses Tempos Litúrgicos;
    - ler o objetivo do Retiro, em especial as instruções do Livro;
    - agendar os encontros semanais para a partilha;
    - verificar se todos adquiriram o livro do *Retiro de Advento e Natal*;
    - recomendar que cada participante tenha um *caderno de vida*;
    - esclarecer dúvidas sobre a metodologia inaciana.

b. Preparar o ambiente para a partilha: lugar propício, velas, a Palavra de Deus no centro, flores, cadeiras, estampas etc., de acordo com a criatividade de cada um ou do grupo. Pode-se sugerir que cada encontro seja preparado por algum participante.

c. Escolher alguma música instrumental, mantra ou canto para iniciar o encontro. Depois, fazer uma oração vocal ao Espírito Santo e talvez a leitura de um texto bíblico (pode ser algum texto rezado durante a semana). Enfim, criar um momento de recolhimento.

d. Explicar que a partilha é também oração: cada um(a) escuta e acolhe no coração a fala do outro, sem comentar, com respeito e sigilo, pois não se trata de debate, nem resolução de dúvidas, muito menos réplica ao que o outro falou.

e. Motivar cada um a partilhar, num clima de acolhida amorosa da oração, cuidando para que algumas pessoas não monopolizem a partilha, a fim de garantir a plena liberdade de cada um na experiência espiritual.

- Conduzir o grupo com delicadeza, tato e bom senso, para que as partilhas adquiram maior qualidade espiritual. A pessoa deve se sentir à vontade para partilhar livremente a ação do Senhor em seu interior: as alegrias e dificuldades experimentadas, os apelos sentidos, as resistências... os "movimentos do coração" e qual impacto a oração está tendo na vida pessoal, familiar, eclesial, social...

- Animar para a fidelidade ao tempo da oração e à metodologia, além de dar breves indicações para a semana de oração.

- Repassar a metodologia, esclarecer dúvidas sobre os "passos para a oração", o "pedido da graça", a revisão da oração e o registro das moções no caderno de vida.

- Buscar ajuda quando sentir que algo está travando a experiência espiritual pessoal ou de algum participante.

- Terminar o encontro com um canto ou oração vocal, por exemplo, o Pai-Nosso.

- Conduzir o grupo com delicadeza, tato e bom senso, para que as partilhas adquiram maior qualidade espiritual. A pessoa deve se sentir à vontade para partilhar livremente a ação do Senhor em seu interior: as alegrias e dificuldades experimentadas, os apelos sentidos, as resistências... os "movimentos do coração" e qual impacto a oração está tendo na vida pessoal, familiar, eclesial, social...

- Animar para a fidelidade ao tempo da oração e à metodologia, além de dar breves indicações para a semana de oração.

- Repassar a metodologia, esclarecer dúvidas sobre os "passos para a oração", o "pedido da graça", a revisão da oração e o registro das moções no caderno de vida.

- Buscar ajuda quando sentir que algo está travando a experiência espiritual pessoal ou de algum participante.

- Terminar o encontro com um canto ou oração vocal, por exemplo, o Pai-Nosso.

Primeira Semana do Advento

Luan de Amorim Moreira, SJ

Utilize este QR CODE para assistir ao vídeo com as orientações sobre as orações desta semana.

INTRODUÇÃO

"Do tronco da vida, mesmo ferida, nasce uma flor..."

O mês de dezembro está comumente relacionado às grandes festas de final de ano. É um período que traz um misto de alegria e esperança, em que reencontramos nossos parentes e amigos próximos para festejar a vida. É também um momento em que planejamos viagens, buscamos descanso, participamos de confraternizações ou fazemos uma revisão de vida, relembrando com saudades aqueles que já estão com Deus. Esses sentimentos que brotam aumentam em nós os gestos de solidariedade. No entanto, poderíamos nos perguntar: qual é a relação de tudo isso com o tempo de Advento?

Uma resposta inicial seria que, assim como as nossas histórias de encontros, o Advento é um tempo de esperança, vigilância e acolhimento. Somos convidados a ler os sinais de Deus em nossa vida, presentes em cada momento do nosso cotidiano, assim como nas histórias das grandes figuras bíblicas recordadas neste tempo. Esse caminho que percorremos durante o Advento precisa ser regado com nosso olhar de fé, tendo a certeza de que o "sim" do Deus da vida continua a adubar a nossa história.

Portanto, aqui se encontra a centralidade deste tempo: Jesus, pobre e servo (EE 114), que caminha conosco e nos convida a realizarmos o seu projeto de vida para a humanidade. Neste tempo de Advento, convergem a presença de Jesus na encarnação e a certeza da plena realização da vida. Jesus entrelaça sua vida com a nossa, tornando-se evidente em cada florescer que temos no caminho. Podemos compreender esse tempo a partir da reflexão de São Bernardo: "Esta vinda intermediária é, portanto, como um caminho que nos conduz da primeira à última: na primeira, Cristo foi nossa redenção; na última, ele aparecerá como nossa vida; na intermediária, ele é nosso descanso e consolação".

Nesta primeira semana do Advento, estamos centrados na vigilância como expectativa da plena realização do projeto de Deus, a partir de uma atitude de abertura para a conversão de vida. Com "ânimo e generosidade" (EE 5), iniciemos nossa caminhada de oração nesta semana.

Dia 3. Domingo
da 1ª. Semana do Advento

"O que vos digo, digo a todos: Vigiai!"
Is 63,16b-17.19b; 64,2b-7 | Sl 79(80),2ac.3b.15-16.18-19 (R. 4)
1Cor 1,3-9 | Mc 13,33-37

Graça a ser pedida

Senhor, que eu possa estar atento e esperançoso para mais amá-lo e segui-lo.

Composição de lugar:

Olhar com os olhos da imaginação como nós, seres humanos, nos relacionamos com a criação, seja para cuidar dela ou como, através de nossas ações, a destruímos.

No Evangelho de hoje, a palavra-chave é "Vigiai". O evangelista utiliza a imagem de algo comum e rotineiro, mas há algo de diferente: o patrão não avisa em qual dia ou hora ele irá retornar, sendo assim, cabe especialmente ao porteiro ficar atento ao seu retorno. A comunidade de Marcos resgata a visão dos primeiros cristãos que esperavam ansiosamente a vinda de Jesus. Alguns membros da comunidade desejavam ter uma vida escondida e tranquila, enquanto outros aspiravam a transformar o mundo com o anúncio da boa notícia.

Ao trazermos o Evangelho para o coração de nossa vida, surge a pergunta: como vivemos a expectativa dessa realização do pleno amor de Deus em toda a criação? Inspirados pelo texto de hoje, também somos vigias, ou melhor, somos cuidadores dessa "casa comum". Conforme nos convida o Papa Francisco, somos chamados a uma "cultura do cuidado", que nos leva a ter um olhar agradecido pelo dom da criação e nos compromete a viver uma conversão ecológica na defesa do meio ambiente e dos mais pobres. Portanto, com um coração *agradecido, reverente e servidor* (EE 23), somos convidados a reconhecer que não somos o fim último do restante da criação, mas, juntamente com ela, podemos alcançar a plenitude "onde o Cristo ressuscitado abraça e ilumina tudo" (FT 83).

Refletir para tirar proveito:

Convido você a refletir sobre os apelos que o Deus da vida o convida a ter em relação ao dom da criação, como uma resposta generosa neste tempo do Advento. Uma boa oração.

Anotações Espirituais

Dia 4. Segunda-feira
da 1ª Semana do Advento

"Dize uma só palavra e o meu empregado ficará curado."
Is 2,1-5 | Sl 121(122),1-2.3-4a.4b-5.6-7.8-9 (R. 1) | Mt 8,5-11

Graça a ser pedida
Senhor, que eu possa estar atento e esperançoso para mais amá-lo e segui-lo.

Composição do lugar:

Procure perceber onde ocorreu o encontro entre Jesus e o centurião. Quem estava presente? Como era o olhar dos discípulos e das pessoas?

No Evangelho de hoje, somos apresentados à bela cena do encontro entre o centurião e Jesus. O centurião expressa sua fé de maneira simples, porém, impactante, como temos lembrado em todas as eucaristias até hoje: "Senhor, eu não sou digno de que entreis em minha morada...". São palavras carregadas de confiança e humildade, vindas de alguém que está à margem da sociedade, seja por ser aliado do poder ou por não professar a mesma fé.

Quantas pessoas estão hoje à margem da sociedade ou, ainda mais grave, são consideradas "indignas" de entrar em nossas igrejas devido aos rótulos colocados nelas! Muitos repetem essa frase diante do "deus" que testemunhamos.

Conforme nos ensina Santo Inácio, "o amor deve se manifestar mais em obras do que em palavras" (EE 230). Crer exige de nós amar, um amor concreto que segue o exemplo de Jesus, substituindo o "eu" pelo "nós". Jesus amplia a geografia da fé. Neste tempo do Advento, somos convidados a olhar e agir diante de tantos rostos marginalizados na sociedade: indígenas, imigrantes, mulheres, negros, LGBTQIAPN+ e tantas outras vidas que são descartadas pela sociedade.

Refletir para tirar proveito:

Convido você a contemplar essa cena do Evangelho e a colocar-se no lugar dos centuriões de nosso tempo. Uma boa oração.

Anotações Espirituais

Dia 5. Terça-feira
da 1ª Semana do Advento

"Eu te louvo, Pai, Senhor do céu e da terra."
Is 11,1-10 | Sl 71(72),1-2.7-8.12-13.17 (R. cf. 7) | Lc 10,21-24

> **Graça a ser pedida**
> Senhor, que eu possa estar atento e esperançoso para mais amá-lo e segui-lo.

Composição do lugar:

Contemple o local que Jesus escolheu para orar, sua postura ao se colocar e sua maneira de se dirigir ao Pai.

Como dizia um padre sábio: "Deus é simples, nós é que o complicamos". No Evangelho de hoje, encontramos essa simplicidade de Deus na oração de Jesus, cheia de alegria interior. Ele eleva ao Pai de todos nós uma oração reconhecendo que o reinado de Deus é revelado aos pequeninos.

Os evangelistas, por assim dizer, compõem seu próprio dicionário da linguagem de Jesus, e uma das palavras mais frequentes e consultadas por eles é "pequenino", que em seu significado original pode indicar criança, menino, pessoa de menor importância. Portanto, fica claro que, após consultar o dicionário dos Evangelhos, há um convite direto e claro para que todos nós, seguidores de Jesus, sejamos pequenos, humildes. Essa pequenez só é possível quando entramos no caminho de Jesus, permitindo que suas palavras e ações caiam em nossos corações. A partir desse profundo e íntimo conhecimento de Jesus, podemos nos configurar cada vez mais ao seu amor-serviço e estar disponíveis para servi-lo (cf. EE 104).

Refletir para tirar proveito:

Convido você a agradecer a Deus por tantos dons recebidos, alegrias, sinais de esperança presentes em sua vida, em sua família, em sua comunidade de fé como dom generoso do Pai. Uma boa oração.

Dia 6. Quarta-feira
da 1ª Semana do Advento

"Tenho compaixão da multidão, porque já faz três dias que está comigo, e nada tem para comer."

Is 25,6-10a | Sl 22(23),1-3a.3b-4.5.6 (R. 6cd) | Mt 15,29-37

> **Graça a ser pedida**
> Senhor, que eu possa estar atento e esperançoso
> para mais amá-lo e segui-lo.

Composição do lugar:

Contemple a partilha, os tipos de alimentos, os gestos de solidariedade que surgiram nesse momento da partilha dos alimentos.

O Evangelho de hoje nos faz um convite direto à solidariedade. A comunidade de fé se realiza e se torna completa quando a mesa da Eucaristia e da Palavra se unem e se transformam na mesa dos pobres. Como disse o padre Arrupe, antigo superior geral da Companhia de Jesus: "Na Eucaristia, recebemos Cristo que tem fome no mundo. [...] Não podemos receber plenamente o pão da vida se não oferecermos, ao mesmo tempo, pão para a vida daqueles que se encontram em necessidade, onde quer que estejam".

O mundo está repleto de fomes, seja a fome de um prato vazio, a fome por educação, saúde, arte, presença fraterna... a lista parece interminável. Uma reflexão importante para hoje seria nos perguntarmos com sinceridade de coração: quais são os "sete pães e alguns peixes", assim como no Evangelho de hoje, que como comunidade de fé oferecemos às pessoas que estão cheias dessas fomes em nossos bairros?

Refletir para tirar proveito:

Convido você a contemplar e a colocar-se na cena, aplicando os sentidos. Veja as diversas pessoas que vão ao encontro de Jesus. Como será que foi essa grande refeição? Quais eram o sabor e o aroma dos alimentos ofertados? Quais os gestos de Jesus? Vivencie a cena com todos os seus detalhes. Uma boa oração.

Dia 7. Quinta-feira
da 1ª Semana do Advento

"Mas a casa não caiu, porque estava construída sobre a rocha."

Is 26,1-6 | Sl 117(118),1.8-9.19-21.25-27a (R. 26a) | Mt 7,21.24-27

Graça a ser pedida

Senhor, que eu possa estar atento e esperançoso para mais amá-lo e segui-lo.

Composição do lugar:

Considere sua história de vida neste ano. Perceba as alegrias e esperanças que foram alicerçando sua caminhada durante este tempo.

O Evangelho de hoje utiliza uma comparação simples e fácil de entender. Apresenta dois construtores: um construiu sua casa sobre uma rocha sólida, enquanto o outro construiu sua casa sobre a areia. É óbvio que a casa construída sobre a areia não está firmemente estabelecida e será destruída em breve. Por outro lado, a casa construída sobre a rocha permanece firme e bem estruturada. Ao aplicarmos o Evangelho em nossa vida, nos deparamos com dois modelos de discípulos-missionários: aquele que acolhe o seguimento de Jesus e o outro, que prefere seguir seu próprio caminho.

Para evitar a atitude do construtor que escolheu construir sobre a areia, devemos fundamentar nossa vida de fé em quatro pilares essenciais: em primeiro lugar, na *Palavra de Deus*, que nos guia e orienta em nossa jornada; em segundo lugar, na partilha da vida de Jesus com nossos irmãos e irmãs de caminhada, vivida na *Eucaristia*; em terceiro lugar, devemos abrir-nos à *solidariedade* por meio de uma caridade discernida, colocando o outro como centro de nossas ações; por fim, somos chamados a ser *anunciadores e testemunhas* da boa-nova, tanto com nosso testemunho como com palavras que geram uma nova vida.

É sobre esses quatro alicerces, que não podem ser vividos isoladamente, que experimentamos o crescimento na fé, uma fé madura e fundamentada na relação de amizade com Deus.

Refletir para tirar proveito:

Convido você a examinar sua vida neste período de oração. O que você tem para agradecer? Quais os sentimentos que têm habitado você nestes últimos tempos? Uma boa oração.

Anotações Espirituais

Dia 8. Sexta-feira
da 1ª Semana do Advento

Solenidade da Imaculada Conceição de Nossa Senhora
"Alegra-te, cheia de graça, o Senhor está contigo!"
Gn 3,9-15.20 | Sl 97(98),1.2-3ab.3cd-4 (R. 1a) | Ef 1,3-6.11-12 | Lc 1,26-38

> **Graça a ser pedida**
> Senhor, que eu possa estar atento e esperançoso para mais amá-lo e segui-lo.

Composição de lugar:

Veja como era a casa de Maria, perceba a simplicidade com que a jovem de Nazaré recebe o anúncio.

Hoje, através do Evangelho, nosso olhar se volta para a humilde casa de Nazaré, onde, de forma simples e escondida, teve início a realização do projeto de amor da Santíssima Trindade na história. Na intimidade dessa casa, uma jovem chamada Maria recebeu o anúncio de sua participação no projeto do Reino de Deus. O maior traço que encontramos em Maria é que ela é totalmente de Deus e, por isso, dedica-se inteiramente ao serviço da humanidade. Como disse o Papa Francisco: "Naquela pequena casa em Nazaré, pulsava o maior coração que qualquer criatura já teve".

Ao celebrarmos hoje a solenidade da Imaculada Conceição de Maria, recordamos que Deus nos deseja como parceiros em seu projeto e nos convida, assim como convidou Maria, a nos entregarmos totalmente a Ele e ao serviço aos outros. Que possamos, em nós, gestar Deus, assim como Maria deu vida a Ele em suas palavras e gestos. Encontremos, assim, a presença de Deus em nossa humana história, na simplicidade de nossas casas, em nosso trabalho, nos encontros pastorais e nas simples e sinceras orações, nos gestos anônimos de cuidado com os outros.

Refletir para tirar proveito:

Convido você hoje a contemplar, junto a Nossa Senhora, essa cena do Evangelho. Busque perceber todos os detalhes, palavras e gestos. Uma boa oração.

Dia 9. Sábado
da 1ª Semana do Advento

Repetição da Semana

Aproveite o dia de hoje para fazer uma revisão da sua oração da semana. Observe quais sentimentos, palavras e convites o Senhor lhe fez. Reserve um momento para repetição, um momento tão caro para a espiritualidade inaciana (cf. EE 118). Escolha uma oração que o tocou mais de perto e reze-a com um novo sabor, prestando atenção aos movimentos de Deus presentes nela.

Anotações Espirituais

Segunda Semana do Advento

Jonas L. M. Diego

Shirlei C. dos Santos

Utilize este QR CODE para assistir ao vídeo com as orientações sobre as orações desta semana.

INTRODUÇÃO

Uma nova jornada se descortina. Entramos na Segunda Semana do Advento e o convite à conversão ecoa com mais eloquência, impulsionando-nos a acolher a boa nova do Senhor. Ele veio, vem e virá. O Advento nos motiva nesta tríplice dinâmica: sua primeira vinda, Verbo que se faz carne e habita a história; sua presença cotidiana em nosso caminho, através da Eucaristia, da Palavra e do encontro com cada pessoa, sobretudo os mais sofredores; e a expectativa de sua segunda vinda gloriosa. E essa dinâmica ratifica a mensagem de que "Deus é amor" (1Jo 4,8). E, porque é Amor, busca-nos incessantemente, e de modo incansável nos convida à conversão, pois deseja que façamos a experiência da verdadeira liberdade de filhos e filhas. Livres, no amor, poderemos, com mais força, cooperar na edificação do Reino. É tempo de esperar o Cristo, é tempo de esperar e trabalhar para a construção do seu Reino. Como nos diz um dos prefácios do Advento: "Agora e em todos os tempos, ele vem ao nosso encontro, presente em cada pessoa humana, para que o acolhamos na fé e o testemunhemos na caridade, enquanto esperamos a feliz realização de seu Reino".

Durante esta semana, em nosso retiro, nos encontraremos, a partir do Evangelho, com João Batista, Maria de Nazaré e o próprio Jesus em sua atividade missionária. Comecemos, pois, esta jornada, animados e animadas, deixando-nos iluminar pela Palavra e abrindo espaço para que ela desperte em nossos corações movimentos de verdadeira conversão.

Dia 10. Domingo
da 2ª Semana do Advento

"Grita uma voz: Preparai no deserto o caminho do Senhor..."
Is 40,1-5.9-11 | Sl 84(85),9ab-10.11-12.13-14 (R. 8) | 2Pd 3,8-14 | Mc 1,1-8

"A oração, mais do que palavras, é estar com Deus." (Luís Miguel Cintra)

Iluminado(a) por essa frase, preparo-me para este tempo de encontro com o Senhor.

> **Graça a ser pedida**
>
> Senhor, ajuda-me a acolher teu convite à conversão de modo concreto em minha vida.

Busco uma posição corporal que favoreça a oração, silencio, pacifico-me, disponho-me com toda a inteireza a permanecer com o Senhor. Tomo consciência de que estou na presença daquele que tanto me ama. Ofereço-lhe toda a experiência que será vivenciada.

Composição de lugar:

Iniciamos esta semana situando-nos no deserto, juntando-nos aos moradores da região da Judeia e de Jerusalém que para lá se dirigiam. *Iam ao encontro* de João, o Batista. Ele é o mensageiro enviado para preparar o caminho do Senhor. Assim indicou o profeta Isaías: "Grita uma voz: Preparai no deserto o caminho do Senhor, aplainai na solidão a estrada de nosso Deus" (Is 40,3).

De igual modo, também profetizou Zacarias, repleto do Espírito Santo, a respeito de seu filho: "Ora, tu também, menino, serás chamado profeta do Altíssimo, pois irás à frente do Senhor, para preparar-lhe os caminhos, para transmitir ao seu povo a salvação, pela remissão de seus pecados". (Lc 1,76) Canto esse que, a cada manhã, na Liturgia das Horas, oração de Laudes, repetimos com toda a comunidade cristã.

João, homem livre, simples e consciente de sua missão; ardentemente engajado na tarefa que lhe foi confiada por Deus, é a voz que grita, anunciando um novo tempo. Figura que é prenúncio da transição do antigo para a novidade que está para chegar. Tempo novo exige corações novos, consciências e atitudes novas para acolher com generosidade a salvação que vem do Senhor. Então, João vocifera, pregando a conversão e batizando para o perdão dos pecados.

Grita uma voz. É João. Grita, pois deseja ser ouvido e porque o anúncio do Reino é urgente. João não grita para si mesmo. Como bom mensageiro, aponta para o que há de vir. Sua palavra sinaliza para aquele que é mais forte, aquele que batizará com o Espírito Santo.

No deserto da nossa vida, muitas vozes e discursos se levantam com proposições e promessas, algumas delas incapazes de nos conectarem com o sentido mais profundo de nossa existência. Entre essas vozes Deus também se pronuncia, através de vozes como a de João, cotidianamente renovando o convite à conversão, à abertura para a alegria do Evangelho e o comprometimento com o Reino e suas consequências.

Refletir para tirar proveito:

Na oração, tomo o texto de Marcos 1,1-8. Leio, releio e me deixo iluminar pela Palavra.

Situo-me na cena. Olho as pessoas, escuto o que dizem e observo os gestos. Sem pressa, presto muita atenção às palavras de João, às suas ações e reflito sobre mim para tirar proveito.

- Como acolho este convite à conversão?
- O que precisa de conversão em minha vida?
- Diante de tantas vozes, tenho reconhecido e escutado a voz de Deus me convidando à novidade do Reino?
- Converso com o Senhor, com liberdade e confiança, sobre o que vier ao meu coração.

Terminando a oração, anoto os sentimentos e apelos mais predominantes.

Anotações Espirituais

Dia 11. Segunda-feira
da 2ª Semana do Advento

**"Um dia Jesus estava ensinando...
E a virtude do Senhor o levava a curar."**
Is 35,1-10 | Sl 84(85),9ab-10.11-12.13-14 (R. Is 35,4d) | Lc 5,17-26

> **Graça a ser pedida**
>
> Senhor, que eu me encontre contigo e, diante de ti, perceba as paralisias que me impedem de reconhecer as obras maravilhosas que realizas em minha vida cotidiana.

"Descobri que rezar é colocar-se humildemente diante de Deus, de pés descalços, cabeça descoberta, mãos vazias no gesto de súplica e de gratidão." (Roque Schneider)

Coloco-me na presença do Senhor com todo o meu ser. Tomo consciência do meu corpo, sensações, respiro profundamente, lentamente, com atenção e abertura de coração.

Percebo quais os sons ao meu redor, os mais próximos, os mais distantes, continuo respirando de forma consciente, pacificando o corpo, a mente e o coração.

A oração é o momento em que encontro comigo mesmo(a), em que me percebo. No silêncio, tão raro em nosso cotidiano, tomo consciência de como estão minha mente, meu corpo... e assim me encontro com aquele que me cria, me ama e me acolhe como sou. Ele me ensina a me acolher.

Faço a oração preparatória.

Contemplo a cena evangélica.

Leio o texto proposto, Lucas 5,17-26, relembrando a história.

Composição de lugar:

À luz do texto bíblico, imagino-me na cena, observando o espaço, as pessoas e, principalmente, Jesus.

Estamos diante do relato do encontro de Jesus com:

- um homem paralítico deitado num leito;
- pessoas provavelmente amigas ou parentes do paralítico, a julgar pelo gesto criativo, perseverante e audacioso de introduzi-lo pelo telhado;
- com a multidão, com os fariseus e doutores da Lei vindos de todas as aldeias da Galileia, da Judeia e de Jerusalém.

Deixo-me afetar pela cena que contemplo, os gestos e as palavras de Jesus.

Refletir para tirar proveito:

- Qual paralisia me impede de estar diante de Jesus?
- O que desejo que Jesus cure em mim?
- Reconheço as maravilhas que Jesus realiza todos os dias em minha vida? Sou grata(o)?

Converso com Jesus, como um amigo a outro amigo, de acordo com os sentimentos, apelos, inquietudes que percebo neste momento de encontro com Ele. Ouço o que Ele me diz. Agradeço por este momento junto dele, despeço-me com um até logo.

Rezo um Pai-Nosso.

Reviso e anoto o que mais me chamou atenção nesse tempo de encontro com o Senhor.

Anotações Espirituais

Dia 12. Terça-feira
da 2ª Semana do Advento

**Nossa Senhora de Guadalupe,
Padroeira principal da América Latina**

"Bendita és tu entre as mulheres e
bendito é o fruto do teu ventre!"

Gl 4,4-7 | Sl 95(96),1-2a.2b-3.10 (R. 3a) | Lc 1,39-47

Graça a ser pedida

Senhor, ajuda-me a fazer o caminho da vida com coragem, ânimo e disposição para encontrar os demais, em atitude de amor-serviço.

"A oração é também uma forma de viagem. O orante desloca-se. A surpresa é sabermo-nos procurados." (Card. José Tolentino de Mendonça)

Deus é generoso. Sempre dá tudo de si. Da minha parte, também quero caprichar para que o encontro com o Senhor seja um tempo afetivo e efetivo.

Procuro um lugar e uma posição que me ajude a rezar. Vou silenciando todo o ser, respiro tranquilamente, buscando pacificar-me. Percebendo a presença de Deus, com todo acatamento e reverência, faço-me, também, presença. Faço a oração preparatória.

Composição de lugar:

Imagino o caminho que Maria fez pelas montanhas. Faço-lhe companhia.

Prosseguindo o percurso orante, hoje, pelo caminho, encontramos Maria. Ela está apressada, mas carrega a paz. Com juventude e ânimo, sobe as montanhas, cruza as estradas, sabe bem onde quer chegar. Não vai só. Sente uma força que a habita, tomando-lhe todo o ser e impulsionando-a para adiante. Maria caminheira é companhia e mãe dos caminhantes. A vida cristã se faz de caminho e de travessia. Vida estagnada é vida que se atrofiou e perdeu o encanto pela jornada que permite encontros e busca de novas paisagens. É sempre tempo de caminhar. "É o tempo da travessia, e se não ousarmos fazê-la teremos ficado para sempre à margem de nós mesmos". (Fernando Pessoa)

A viagem chega ao fim. Maria, cansada, mas feliz, já consegue observar, entre as árvores, a casa de Zacarias e Isabel. Após uma longa caminhada, é o momento do encontro tão esperado. Uma palavra, uma saudação bastou para transbordarem de alegria, mãe e filho anfitriões. Em resposta, um brado exclamativo que bendiz a árvore, porque reconhece o fruto santo e redentor que ela produz. E continua, proclamando feliz, aquela que crê na promessa do Senhor.

Diante de tanto afeto, a jovenzinha de Nazaré não tem outra atitude, senão cantar ao Senhor seu salmo de agradecimento e louvor. "A minha alma engrandece o Senhor, e se alegrou o meu espírito em Deus, meu Salvador" (Lc 1,46-47).

Que belas figuras para ilustrar o Advento! Duas gestantes. Duas mulheres esperando a chegada de seus filhos. Duas genitoras repletas de esperança, portadoras da promessa do Deus fiel. Duas mães carregando o milagre da vida. Duas mulheres em missão de reconciliação e justiça.

"Mãe do Céu morena, Senhora da América Latina, de olhar e caridade tão divina, de cor igual a cor de tantas raças. Virgem tão serena, Senhora destes povos tão sofridos, patrona dos pequenos e oprimidos, derrama sobre nós as tuas graças!" (Pe. Zezinho, SCJ)

Refletir para tirar proveito:

Para a oração, tomo o texto de Lucas 1,39-47. Faço leitura e releitura bem pausadas. Contemplo essa passagem, fazendo-me presente no texto. Acompanho Maria no caminho; com ela, vivo cada experiência, observando as pessoas, escutando-as e prestando atenção a cada gesto e reação. Reflito sobre mim para tirar proveito.

- Sou pessoa disposta para o caminho, com coragem para encontrar os demais?
- Como Maria, elevo a Deus um salmo de louvor, agradecimento, súplica, conforme os sentimentos do coração.

Reviso o que mais chamou minha atenção neste tempo de oração, registrando em meu caderno, diário espiritual.

Dia 13. Quarta-feira
da 2ª Semana do Advento

"**Vinde a mim todos vós que estais cansados... e aprendei de mim, porque sou manso e humilde de coração, e vós encontrareis descanso.**"
Is 40,25-31 | Sl 102(103),1-2.3-4.8 e10 (R. 1a) | Mt 11,28-30

Graça a ser pedida

Senhor, ajuda-me a acolher teu convite. Que eu me permita aprender contigo a ter um coração manso e humilde e encontrar o descanso necessário.

"Todos somos chamados à amizade com Jesus. Não tenhamos medo de nos deixar amar pelo Senhor." (Papa Francisco)

Neste momento de encontro com nosso Senhor e amigo, busco silenciar meu ser, ouço os sons mais próximos, os mais distantes, respiro profundamente uma, duas, três vezes. Percebo como estou. Tomo consciência do convite que o Senhor me faz no texto evangélico de hoje: "Vinde a mim todos vós que estais cansados... e aprendei de mim...".

Ele está aqui a me esperar.

Vivemos tempos de muita correria, barulho, exigências, numa sociedade de relações superficiais, líquidas, desumanas, fundamentalistas. Tudo isso nos exaure, afadiga, esvazia. Não damos conta de carregar fardos tão pesados.

E Jesus vem ao nosso encontro, nos acolhe, nos convida a aprender dele que é manso e humilde de coração e, assim, encontrarmos descanso. Não qualquer descanso, um descanso pleno em seu amor.

Composição de lugar:

Para a oração, leio o texto de Mateus 11, 28-30. Imagino que estou entre os ouvintes de Jesus. Observo-o, presto atenção a seus gestos, escuto profundamente suas palavras.

Refletir para tirar proveito:

Saboreando as ressonâncias das palavras de Jesus e o modo como me afetam, falo com Ele sobre meus cansaços, rigidez, fardos, preocupações; dos sentimentos que brotam neste momento da oração, como um amigo fala a outro amigo. Louvo, peço, escuto-o, sinto sua presença suave, leve, amorosa.

Ouço Jesus falar comigo.

O que sinto? Estou aberto a suas palavras? Encontro alguma resistência ao seu convite?

Termino este tempo de oração agradecendo. Rezo um Pai-Nosso.

Revisando minha oração, anoto o que ficou mais forte: sentimentos, resistência, apelos.

Anotações Espirituais

Dia 14. Quinta-feira
da 2ª Semana do Advento

"Eu sou o Senhor, teu Deus, que te tomo pela mão e te digo: Não temas; eu te ajudarei."

Is 41,13-20 | Sl 144(145),1 e 9.10-11.12-13ab (R. 8) | Mt 11,11-15

> **Graça a ser pedida**
>
> Senhor, dá-me a graça da verdadeira humildade e autêntica gratuidade no serviço do Reino.

"Quando as palavras somem, quando os cuidados adormecem, quando nos entregamos, de verdade, nas mãos do Senhor, o grande silêncio nos mergulha na paz, na confiança, na alegria... E a voz de Deus se faz ouvir!"
(Dom Helder Câmara)

É hora de preparar meu santuário interior para a oração. Deixo que o silêncio me povoe, trazendo serenidade e calma. Respiro suavemente, prestando atenção ao ritmo de minha respiração.

Tomando consciência da presença de Deus, disponho-me com inteireza para este momento de encontro com Ele.

Composição de lugar:

Entro na dinâmica do Evangelho, inserindo-me no grupo daqueles que escutam Jesus. Imagino-me entre outras pessoas, olhando atentamente para o Mestre, escutando-lhe suas palavras e observando seus gestos e expressões.

Uma vez mais, encontramos João em nosso itinerário de retiro. No Evangelho de domingo, João referia-se a Jesus, preparando-lhe o caminho. Hoje, é Jesus que lhe faz referência, tecendo-lhe um grande elogio. *"Em verdade eu vos digo, de todos os homens que já nasceram, nenhum é maior do que João Batista"* (Mt 11,11). Esse fragmento é parte do comentário que Jesus faz às multidões sobre João, quando este, em situação de cárcere, envia-lhe discípulos para certificar-se de que Jesus era o Messias. Ao prosseguir, Jesus chama a atenção para a atitude de serviço e humildade que deve caracterizar o discipulado do Reino. "No entanto, o menor no Reino dos Céus é maior do que ele" (Mt 11,11). É justamente o testemunho que encontramos em João. Vida de simplicidade, despojamento e comprometida com a justiça do Reino. Prática que se contrapõe à *violência que sofre o Reino dos Céus* (v. 12), segundo as palavras do próprio Jesus. As forças do mal que se alinham na contramão do amor-serviço e humildade, oprimem e resistem ao projeto de Deus com seu horizonte de vida plena para todos os seus filhos e filhas.

Mas, frente a contextos de desesperança e desafios, caminhemos na confiança. Isaías nos recorda: "Eu sou o Senhor, teu Deus, que te tomo pela mão e te digo: 'Não temas; eu te ajudarei' (Is 41,13).

Tenhamos ouvidos atentos para escutar – "Quem tem ouvidos, ouça" (v. 15) – os apelos do evangelho, convidando-nos à experiência radical do amor que nos impele ao serviço generoso e humilde de cooperadores do Reino.

Refletir para tirar proveito:

Para a oração, leio o texto do evangelho proposto para hoje: Mateus 11,11-15.

Leio, releio com calma, prestando bastante atenção às palavras de Jesus. Percebo como elas me afetam, como caem em meu coração e o que me provocam (sentimentos, apelos, movimentos interiores, resistências...)

- Meu serviço para o Reino caracteriza-se pela humildade, pela simplicidade?
- No discipulado, busco reconhecimento, poder e honras ou entrega generosa e gratuita dos meus dons?

No final da oração, revisito o encontro com o Senhor para registrar o que foi mais significativo.

Anotações Espirituais

Dia 15. Sexta-feira
da 2ª Semana do Advento

"Senhor, quem vos seguir, terá a luz da vida."
Is 48,17-19 | Sl 1,1-2.3.4 e 6 (R. cf. Jo 8,12) | Mt 11,16-19

Graça a ser pedida
Senhor, que eu encontre gosto e prazer em tua Palavra que é vida e luz, e assim eleja o que mais me aproxima de ti e dos meus irmãos.

"A oração é, portanto, caminho que conduz à morada do tesouro interior, ao espaço em nós no qual Deus mesmo habita."
(Anselm Grün)

Coloco-me na presença do Senhor com todo o meu ser. Tomo consciência do meu corpo, sensações; respiro profundamente, lentamente, com atenção e abertura de coração.

Seguimos caminhando neste retiro do Advento do Senhor. Tempo de preparar o coração para acolher o mistério amoroso de um Deus que se faz homem/carne, que acolhe nossa humanidade toda inteira e nos ensina que o caminho de salvação passa por ser plenamente humano, buscando identificação com Ele em nosso cotidiano, nos mais simples gestos e palavras; desejando proceder como Ele.

Na liturgia de hoje, vemos o quanto Deus se preocupa com seus filhos e filhas. Ele não é indiferente às nossas escolhas, e lamenta quando elegemos caminhos distantes de seus ensinamentos. Caminhos que nos levam à morte. Ele nos dá seus mandamentos como senha para a **vida** e deseja nossa felicidade plena. Mas nos dá liberdade para escolher. No Evangelho, Jesus censura a insensibilidade e a não abertura à novidade do Reino.

Composição de lugar:

Coloco-me diante de Deus nosso Senhor como o salmista. Tomo emprestadas suas palavras (Salmo 1) para bendizer o Senhor.

Com o salmista, saboreio as palavras, paro onde sentir mais gosto, naquilo que me tocar mais forte, percebendo as moções que brotam. Converso com Deus sobre elas.

Refletir para tirar proveito:

Será que tenho encontrado prazer na lei do Senhor? Será que a palavra do Senhor tem sido fonte de minhas meditações, produzido os frutos que Deus deseja em mim? Ou me percebo como "palha seca espalhada e dispersa pelo vento", sem vida? Tenho usado com sabedoria a liberdade recebida de Deus?

Termino este tempo de oração agradecendo ao Senhor por tanto amor a ponto de nunca desistir de nós, mesmo quando, com o coração endurecido, nos afastamos de seus ensinamentos de vida eterna. Rezo um Pai-Nosso.

Revisando minha oração, anoto o que ficou mais forte: sentimentos, resistências, apelos.

Anotações Espirituais

Dia 16. Sábado
da 2ª Semana do Advento

"Convertei-nos, ó Senhor, resplandecei a vossa face e nós seremos salvos!"

"Quanto Deus nosso Senhor tem feito por mim, quanto me tem dado daquilo que tem!"
(Santo Inácio de Loyola)

Repetição da Semana

Hoje, terminando a 2ª Semana de nosso retiro, a proposta é rezar as pérolas, os tesouros recebidos durante esta semana de encontro com o Senhor.

A matéria desta oração é o texto sagrado que brotou de sua experiência com Deus. A palavra dele em contato com a sua vida produziu marcas, sentimentos, apelos, movimentos interiores, inquietudes que constam dos registros em seu diário espiritual e/ou caderno de vida.

Coloque-se na presença do Senhor. Siga os passos para entrar em clima de oração.

Faça silêncio interior e exterior. Retome, com muito afeto, as anotações das orações feitas ao longo desta semana. Faça memória agradecida das experiências vividas na oração. Perceba por onde passou o Senhor.

Com gratidão, renove seu ânimo para continuar o itinerário do retiro, mantendo a firme confiança de crescer na fé, na esperança e no amor.

Anotações Espirituais

Terceira Semana do Advento

Pe. André Araujo, SJ

Utilize este QR CODE para assistir ao vídeo com as orientações sobre as orações desta semana.

Introdução

> Sinto-me nascido a cada momento
> para a eterna novidade do Mundo...
> (Alberto Caeiro)

A Terceira Semana do Advento nos acena com os sinais da Alegria do Senhor, que é nossa força (cf. Ne 8,10). Para Santo Inácio de Loyola, a Encarnação começa com um "olhar", um modo de ver que compromete o interior das Pessoas Divinas. Nesse sentido, o exercício da "contemplação da Encarnação", que está prestes a acontecer, consistirá em acompanhar o olhar amoroso e compassivo da Trindade sobre o mundo.

Ao contemplar a Trindade, podemos nos perguntar: a partir de onde o Senhor olha, ama e cuida? O que Ele vê? Como Ele vê? Certamente, seu olhar misericordioso desvenda as entranhas do real, capta o íntimo das coisas e das pessoas em busca, não do que se esconde, mas da bondade colocada um dia em nós e que nos identifica com Ele. Seu olhar nos desvela, percebe nossas motivações, mas se apaixona, cheio de Esperança, e procura reacender em nós a luz que deslumbra e nos retira da sombra.

Ao longo destes dias, somos convidados a nos deixarmos habitar por um novo olhar. Um modo novo de ver e entrar no íntimo dos seres para salvá-los a partir de dentro pode acordar em nós as fibras que despertam a Vida. Afinal, é urgente uma forma de enxergar que mova os olhos para todos os lados, voltando, avançando, reconsiderando, refazendo, salvando. É preciso coragem para nos envolvermos neste gesto de salvação, é preciso ânimo novo para nos perguntarmos também: o que eu vejo? Como vejo? Como me vejo, percebo os outros e o que acontece? Como me relaciono com o mundo, com as coisas, com a natureza e com Deus? Como me assemelho à Trindade e posso colaborar neste caminho de salvação?

> Olhar errante. Olhar andarilho. Rola pelas planícies, escorrega pelas encostas, mergulha nos socavões. Apalpa as saliências do mundo, namora fisionomias, remira o corpo exposto, revolve o mistério humano. E plana sobre consciências, sem pisá-las. Motiva decisões, sem forçá-las. Norteia peregrinos, sem atropelá-los. Olhar disparado, às vezes, contido. Olhar escancarado, às vezes, subversivo. Olhar

fugidio que desliza pelos flancos largos do mundo e insinua-se nas curvas recatadas da vida. Olhar que assedia seres humanos sem violentá-los. (Juvenal Arduini).

Muitas vezes, resta-nos mesmo reconhecer, cantar, bendizer, suplicar, caminhar... E, nesta semana, temos, ainda, o auxílio das "Antífonas do Ó", cantadas no Tempo do Advento, especialmente de 17 a 23 de dezembro, antes e depois do *Magnificat*, na oração das Vésperas. Trata-se de orações curtas, compostas entre o século VII e o século VIII, começando por um vocativo que expressa a admiração da Igreja pelo Mistério de Deus feito Homem. Ecoam como uma súplica ardente da nossa parte: "Ó vem, Senhor, não tardes mais!"

Anotações Espirituais

Dia 17. Domingo
da 3ª Semana do Advento

"Eu sou a voz daquele que grita no deserto: endireitai as veredas do Senhor!"

Is 61,1-2a.10-11 | (Sl) Lc 1, 46-50.53-54 (R. cf. Is 61,10b)
1Ts 5,16-24 | Jo 1, 6-8.19-28

Ó Sabedoria, que saístes da boca do Altíssimo, e atingis até os confins de todo o universo e com força e suavidade governais o mundo inteiro: ó vinde ensinar-nos o caminho da prudência!

Graça a ser pedida
Pedir intensa e profunda alegria pela manifestação do Senhor que vem!

As leituras deste 3º Domingo do Advento garantem-nos que Deus tem um projeto de vida para nos propor, para fazer-nos passar das trevas à luz. A existência de um projeto de salvação que Deus tem para oferecer ao seu povo anuncia uma alegria plena para cada pessoa desanimada e abatida. Essa boa notícia deve encher-nos de esperança, porque Deus não se faz indiferente a nada. Contudo, seu modo de agir não se traduz em manifestações espetaculares. Pelo contrário, a força de Sua presença nos desperta para um testemunho simples e provoca uma abertura e docilidade ao Espírito que clama interiormente em nós (cf. Is 61). A graça do Senhor nos acompanha e nos reveste de força!

Composição de lugar:

Consideremos, pois, a fecundidade de nossas ações, entrevendo o modo como Deus atua em nós e em tudo o que é criado e animado de vida, para modelar nosso agir no mundo, abrindo o coração, com generosidade e disposição renovadas. Afinal, somos seres destinados à felicidade. Nosso caminhar deve ser alimentado por uma alegria serena. De acordo com a Palavra de Deus que nos é proposta, esse peregrinar também deve ser preenchido pelo diálogo nunca acabado com Deus, numa atitude de quem está atento aos dons recebidos e aos desafios do Espírito.

A figura de João Batista e o seu testemunho deixam inquietos os líderes religiosos judeus. Diante dos que o interrogam, ele descarta totalmente a hipótese de ser o Messias. Na verdade, João não aceita que lhe atribuam nenhuma função que possa centrar a atenção na sua própria pessoa. Quando se apresenta, diz apenas ser uma voz que grita no deserto. Voz que supõe ouvidos atentos à Palavra que vai ser comunicada. Voz que prefigura o agir de Deus na história, tomando carne humana e habitando no meio de nós. Por ora, é a esta voz que precisamos dar atenção.

Refletir para tirar proveito:

Em termos pessoais, quais são as mudanças que eu tenho de operar na minha existência para passar das trevas à luz? O que é que me causa tristeza e ainda me impede de ser plenamente feliz? O que é que, na minha vida, gera desilusão, frustração, desencanto, sofrimento? Vale lembrar que a descoberta do amor e da presença libertadora de Deus não pode senão conduzir ao louvor, à adoração, à alegria. Sei ser grato ao Senhor pela sua presença amorosa, salvadora e libertadora na vida do mundo e na minha vida?

Anotações Espirituais

Dia 18. Segunda-feira
da 3ª Semana do Advento

"José fez conforme o anjo do Senhor havia mandado."
Jr 23,5-8 | Sl 71(72),1-2.12-13.18-19 (R. cf. 7) | Mt 1,18-24

Ó Adonai, guia da casa de Israel, que aparecestes a Moisés na sarça ardente e lhe destes vossa lei sobre o Sinai: vinde salvar-nos com braço poderoso!

Graça a ser pedida
Ajustar-se para fazer acontecer a vontade do Senhor.

"Eis que virão dias..." esse oráculo repetido, hoje, na profecia de Jeremias abre-nos à dimensão da esperança. Provoca-nos, porque contém em si um programa de ação, traduzindo-se numa espera ativa para nossa vida cristã. Faz-nos perguntar: e nós?! Com efeito, desejar ver a justiça cumprir-se sobre a terra nos responsabiliza na construção de um futuro cheio de esperança. Responsabilidade, nessa perspectiva, é sentir que nossa consciência é despertada e se abre com habilidade para responder, pois a construção do Reino passa também por nós.

Composição de lugar:

O Senhor não se cansa de nos despertar. E Ele é o primeiro que nos acompanha, chamando, ainda, homens e mulheres para colaborarem na Missão. A figura de José, o Justo, não configura, assim, uma atitude de passividade, mas suas ações evidenciam alguém que se ajustou à vontade do Senhor. Certamente, José tinha uma profunda experiência de Deus, senão não teria condições de assumir com Maria um projeto tão grande, que iria mudar por completo a vida de ambos. Ninguém duvida de que ele sonhava em construir sua própria casa para acolher Maria: uma casa simples, do seu jeito, na sua terra, com as coisas que eles desejavam, do modo como ele sabia fazer, pois tinha profissão e dizem que era carpinteiro.

Não deve ter sido fácil mudar tanto e tão rápido. Deixar de lado os próprios sonhos para abrir espaço na vida de sua futura família para um sonho maior – o sonho de Deus! Não deve ter sido simples, porque não era apenas uma questão de acreditar na palavra de Maria, era mais: era a Palavra de Deus, era o Verbo Encarnado que iria nascer!

Refletir para tirar proveito:

Que ajustes preciso fazer para viver atentamente o que o Senhor pede de mim? Como manter a esperança renovada, para agir responsavelmente, segundo o bem que me cabe fazer, considerando a vontade do Senhor? Tenho pedido que o Senhor faça crescer em mim a fé, a esperança e o amor? Afinal, Santo Inácio de Loyola nos diz que crescer no caminho dessas virtudes teologais é a possibilidade de ver aumentar em nós e dar frutos o dom da Consolação.

Anotações Espirituais

Dia 19. Terça-feira
da 3ª Semana do Advento

"Eis o que o Senhor fez por mim, nos dias em que ele se dignou tirar-me da humilhação pública!"
Jz 13,2-7.24-25a | Sl 70(71),3-4a.5-6ab.16-17 ((R. cf. 8a) | Lc 1,5-25

Ó Raiz de Jessé, ó estandarte, levantado em sinal para as nações! Ante vós se calarão os reis da terra, e as nações implorarão misericórdia: vinde salvar-nos! Libertai-nos sem demora!

Graça a ser pedida

Não ser surdo, mas pronto e diligente para atender ao chamado do Senhor.

O Senhor manifesta a força redentora do Seu amor, considerando a fragilidade humana e os nossos sofrimentos. Sua liberdade diante de nós é o pressuposto de toda e qualquer relação que Ele mesmo estabelece conosco, respeitoso da nossa condição. No entanto, envolvendo-nos com laços de profunda ternura, Ele espera contar com a nossa participação direta no processo de salvação que deseja operar. Sua confiança em nós é total. Portanto, assume todos os riscos, cumulando-nos, ao mesmo tempo, da plenitude dos Seus dons. O protagonismo é nosso, mas a graça vem Dele, de Sua Bondade e Misericórdia, enaltecendo-nos e fazendo-nos participar da Sua Alegria.

Composição de lugar:

Nossa fé muitas vezes vacila, e o Senhor vem em socorro da nossa fraqueza, animando-nos e encorajando-nos. Nosso coração se perturba e o medo se apodera de nós, do mesmo modo como tomou conta de Zacarias diante de tão grande acontecimento. Ainda assim, a decisão deliberada do Senhor de fazer o Bem prevalece, porque Ele quer distribuir com largueza os frutos da redenção em favor do povo. De nossa parte, provamos e sofremos as consequências de nossas dúvidas e de tanta hesitação.

Que ninguém se sinta, pois, desamparado ou abandonado. O Senhor segue atento às nossas necessidades e os Seus desígnios se cumprem no tempo oportuno. Isabel ficou grávida e se escondeu durante cinco meses, e Zacarias começou a ver as evidências de tudo o que lhe havia sido anunciado. Certamente, mesmo emudecido, sentiu-se socorrido e acompanhado em sua dificuldade de ouvir profundamente a voz do Senhor e teve tempo suficiente para meditar em seu coração as maravilhas que viriam a receber desde que foram retirados da humilhação pública.

Refletir para tirar proveito:

De muitos modos oferecemos resistência à ação salvadora. Como desenvolver olhos e ouvidos bem atentos às necessidades que o Senhor enxerga e escuta? Como ouvir e sentir Seus apelos? De que modo podemos ser colaboradores da multiforme graça de Deus que atua no mundo? Quais são nossas maiores dificuldades? Tomar consciência delas já é um bom indício de crescimento em liberdade interior. Peçamos, pois, a graça de reconhecer nossas limitações e a força para vencê-las e nos tornarmos mais disponíveis e generosos.

Anotações Espirituais

Dia 20. Quarta-feira
da 3ª Semana do Advento

"Faça-se em mim, segundo a tua palavra!"
Is 7,10-14 | Sl 23(24), 1-4ab.5-6 (R. cf. 7c.10b) | Lc 1,26-38

Ó Chave de Davi, Cetro da casa de Israel, que abris e ninguém fecha, que fechais e ninguém abre: vinde logo e libertai o homem prisioneiro, que nas trevas e na sombra da morte está sentado.

> **Graça a ser pedida**
> Dialogar com o Senhor para compreender
> como participar do Seu plano de amor.

Diante do improvável, o Senhor nos dá a conhecer Seu plano de amor. O profeta anuncia, também ao rei Acaz, um sinal capaz de dar continuidade à sua dinastia: um filho lhe será dado. A fé plantada no meio do povo pede mais. Não é um mero compromisso divino que isenta o ser humano. Pelo contrário, estamos totalmente implicados, porque nada acontecerá sem a nossa participação e, de algum modo, o nosso protagonismo. Trata-se de uma espera ativa ou, no dizer de Santo Inácio de Loyola: "aja como se tudo dependesse de você, sabendo que, na realidade, tudo depende de Deus".

Composição de lugar:

Perguntar pelo modo como as coisas vão acontecer não é, de modo algum, desacreditar. Significa, antes, que queremos colaborar mais e melhor, quando compreendemos nossa parcela na realização do que quer que seja. Maria foi visitada pela graça e entrou em diálogo com o Bom Espírito, que é quem tem plenas condições de iluminar o nosso entendimento e abrir a nossa mente à infinita Sabedoria.

Nesse colóquio, a atitude inteligente e corajosa da jovem Maria chega a comover. Solícita, ela se dispõe conscientemente, porque compreende afetiva e efetivamente o significado de sua colaboração para o que o Senhor deseja realizar por meio dela e com o seu consentimento. O alcance dessa intervenção na história humana está para além do que se imagina e, mesmo Isabel, que era considerada estéril, concebeu um filho na velhice. Porque, para Deus, nada é impossível!

Refletir para tirar proveito:

Realizar um colóquio com o Senhor, assim como Maria, deixando-me interpelar por Ele. Afinal, Sua Palavra deseja encarnar-se. Cabe a mim compreender afetivamente quais são minhas responsabilidades na realização do bem sempre mais universal que o Senhor deseja realizar. Vale lembrar que esse plano de amor está ao meu alcance, porque Ele se dirige concretamente a mim, dentro das minhas possibilidades. Será que já pensei sobre isso?! Perguntar-se por essas questões é entrar num verdadeiro conhecimento íntimo do Senhor, que quer dialogar e se relacionar com a gente todos os dias.

Anotações Espirituais

Dia 21. Quinta-feira
da 3ª Semana do Advento

"Bem-aventurada aquela que acreditou, porque será cumprido o que o Senhor lhe prometeu."
Ct 2,8-14 ou Sf 3,14-18a | Sl 32(33),2-3.11-12.20-21 (R. 1a.3a) | Lc 1,39-45

Ó Sol nascente justiceiro, resplendor da Luz eterna: ó vinde e iluminai os que jazem entre as trevas e na sombra do pecado e da morte estão sentados.

> **Graça a ser pedida**
> Pedir grande ânimo e generosidade,
> com disposição para colocar-se a serviço.

Levantar-se e colocar-se a caminho. Essa é a atitude de quem corre pelos montes, à procura do Amor, depois de ter acolhido e ouvido com atenção Seus projetos. Sacudir o torpor do corpo, animar-se, atravessar distâncias, saltar obstáculos, tudo vai revestido de um sentido novo. É a voz do Amado! Não é a convocação de um estranho. Percorrer essas estradas, tomar esses rumos e ir avançando com toda a coragem possível revela um descentramento cada vez maior para quem vive na certeza do encontro.

Composição de lugar:

Estar com alguém só é possível depois de vencer distâncias, trilhar um itinerário. E Maria parte apressadamente para uma cidade da Judeia, a fim de permanecer com Isabel nesse período delicado de sua gestação cheia de riscos. Sua generosidade é grande, porque se sente também cumulada de carinhos e cuidados. Aquela que é amada também é capaz de demonstrar muito amor.

No entanto, algo inusitado acontece: os meninos, do ventre de suas mães, começam entre si um diálogo que envolve a vida daquelas mulheres e de todo o povo. É a salvação que chega pela ação do Espírito e que não espera nem mesmo pelo nascimento daqueles bebês para que o anúncio comece a acontecer. Deus tem urgência, e Isabel exclama em alta voz, tão logo escuta a saudação de Maria. Afinal, não pode reter para si o que experimenta muito interiormente. A salvação salta e começa a partir de dentro, porque entra pelos nossos sentidos. Não há como não reconhecer: "Bem-aventurada aquela que acreditou, porque será cumprido o que o Senhor lhe prometeu".

Refletir para tirar proveito:

A experiência do Amor coloca-nos em movimento. Leva-nos ao desapego de nossas angústias e sofrimentos, de nossas pequenas certezas, ampliando infinitamente nosso horizonte. Libera-nos e nos impulsiona a amar e servir. Então, quais são os meus entraves e bloqueios? Onde o Amor terá de trabalhar mais em mim para abrir amplos espaços e canais para a graça de Deus agir livremente? Como me sinto? Tenho ânimo, generosidade e disposição para empreender esse caminho?

Anotações Espirituais

Dia 22. Sexta-feira
da 3ª Semana do Advento

"Meu espírito se alegra em Deus, meu Salvador."
1Sm 1,24-28 | (Sl) 1Sm 2,1.4-8 (R. 1Sm 2,1a) | Lc 1,46-56

Ó Rei das nações. Desejado dos povos; ó Pedra angular, que os opostos unis: ó vinde e salvai este homem tão frágil, que um dia criastes do barro da terra!

Graça a ser pedida
Reconhecer, com grande afeto, como todos os dons e bens descem do Alto.

Agradecer é próprio de quem se sente profundamente reconhecido. O louvor e a ação de graças brotam da alegria de quem tem consciência do dom recebido e deseja, gratuitamente também, retribuir. Ana, mãe de Samuel, bendiz ao Senhor que a socorreu em sua súplica. Ela é capaz de agir de modo semelhante e demonstra sua gratidão, oferece o próprio filho e se prostra junto com ele, respeitosamente, ambos em reverente adoração.

Composição de lugar:

A memória agradecida de todo um processo de salvação é retomada no canto do *Magnificat*. Maria conhece e exalta a ação da graça do Senhor que intervém, misericordiosamente, na história humana, em favor dos humildes e dos pobres. Ela reconhece a irrupção de Deus na vida do povo e se alegra, porque Ele olhou para a humildade de sua serva e, por extensão, para os seus servos.

As maravilhas que Maria passa a cantar são fruto do seu comprometimento e de sua consciência alargada, como mulher do povo, fiel à sua identidade, diante de tanto bem recebido. O que ela vai pontuando ganha, assim, um sentido maior, porque evidencia o socorro de Israel, as promessas da aliança e a misericórdia dirigida a todas as gerações e à sua descendência desde tempos imemoriais.

Refletir para tirar proveito:

Reserve um tempo para fazer um exercício de memória agradecida. Vá elencando, à medida que se recorda, todo dom e todo bem recebido do Alto, do Pai das Misericórdias e Deus de toda Consolação. Faça, assim como Maria, o seu hino de ação de graças pela vida: o socorro na angústia, a bem-aventurança, o louvor, as súplicas atendidas, a gratidão. Ao final, você terá em mãos um bom inventário com o qual bendizer o Senhor que não se esquece de nenhum dos seus filhos e filhas.

Anotações Espirituais

Dia 23. Sábado
da 3ª Semana do Advento

"João é o seu nome."

Ml 3,1-4.23-24 | Sl 24(25),4-5ab.8-10.14 (R. Lc 21,28) | Lc 1,57-66

Ó Emanuel: Deus-conosco, nosso Rei Legislador, Esperança das nações e dos povos Salvador: vinde enfim para salvar-nos, ó Senhor e nosso Deus!

Graça a ser pedida
Ser presente na presença do Senhor.

Não compete a nós saber em que dia o Senhor virá. Aliás, Ele vem sempre... Ele está no meio de nós! Chega de mansinho, preenchendo-nos com os frutos de copiosa redenção. No entanto, uma sintonia fina para nos apercebermos de Sua presença depende muito mais de nós do que Dele. Andamos muito fragmentados, e isso nos impede de reconhecer o Senhor que vem. Reconciliemo-nos entre nós e com a nossa história. Eis que o Senhor está às portas! Não renunciemos a essa Alegria!

Composição de lugar:

Completou-se o tempo. A alegria toma conta de um casal de idosos que leva nos braços seu primeiro filho. O primogênito desejado uma vida inteira será circuncidado e vai receber um nome: João! Assim será reconhecido o precursor do Menino, mesmo que nenhum parente se chamasse assim. O pai, porém, confirma, escreve numa tabuazinha e, no mesmo instante, sua boca se abre, sua língua se solta, o louvor começa...

"Bendito seja o Senhor Deus de Israel, porque a Seu povo visitou e libertou." Somos, portanto, os destinatários desta Boa Nova: vai nascer para nós o Salvador; da Casa e descendência de Davi, o Senhor fará brilhar o Sol Nascente. Ele vem para iluminar a quantos jazem entre as trevas e na sombra da morte estão sentados. Ele vem para dirigir os nossos passos, guiando-nos no caminho da paz!

Refletir para tirar proveito:

Está chegando o Senhor, ainda que não tenhamos nada preparado para recebê-lo. Ele vem assim mesmo, chega e quer estar conosco. Tem prazer em nos fazer companhia. Temos consciência da força de Sua presença? O que nos impede de reconhecê-lo, acolhê-lo, recebê-lo? De maneira bastante honesta, tomemos consciência de nossos impedimentos e dificuldades nesse reconhecimento e acolhida. Apresentemos tudo ao Senhor. Falemos de nossas distrações. Certamente, o que nos distrai, também nos faz perder muito tempo, porque nos deixamos atrair por outras coisas, pessoas, situações que nos roubam de nós mesmos e até do essencial. O Senhor nos quer completamente livres! Vamos tomando nota de tudo para tirar maior proveito...

Anotações Espirituais

Anotações Espirituais

Quarta Semana do Advento

Pe. José dos Passos e
Maria Elane Gomes (leiga inaciana)

Utilize este QR CODE para assistir ao vídeo com as orientações sobre as orações desta semana.

Dia 24. Domingo
da 4ª Semana do Advento

"Tu o chamarás com o nome de Jesus."
2Sm 7,1-5.8b-12.14a.16 | Sl 88(89),2-3.4-5.27.29 (R. 2a) |
Rm 16,25-27 | Lc 1,26-38

Graça a ser pedida

Senhor, como destes a Maria a graça de total disponibilidade ao teu Plano de Amor, dá-me a graça de ser atento à tua voz e testemunha do teu Reino na minha vida.

Neste domingo do Advento, o quarto, a liturgia nos convida a contemplar a Mãe de Jesus e sua resposta à missão que Deus lhe concedeu.

Deus olhou a terra em sua contemplação, como nos ensina Santo Inácio, e vendo gente chorando e rindo, uns doentes, outros sãos, gente de todas as raças e línguas, muitos se perdendo na vida... definiu que o tempo se cumprira e nos enviaria seu Filho. Na plenitude dos tempos, Maria é a cheia de graça e aquela que traz a alegria à humanidade.

Composição de lugar:

Com os olhos da imaginação podemos ver a casa de Nossa Senhora: seus cômodos, seus móveis... tudo marcado pela simplicidade e pobreza. Podemos ver Maria entregue a um momento de oração e iluminada pelo Espírito. A mensagem que chega ao seu coração pode ser plastificada neste mensageiro de Deus que se apresenta no texto bíblico: Gabriel, cuja missão é trazer-nos a Palavra do Senhor.

Relembremos a história. O anjo Gabriel foi enviado a uma virgem, prometida em casamento a José. A virgem se chamava Maria. O anjo se apresentou a ela e depois de a saudar dizendo "Ave, cheia de graça", e tirando-lhe o medo, apresentou a proposta de Deus de que ela fora escolhida para ser a Mãe do Salvador.

O anúncio de Gabriel está emoldurado pela alegria, de um lado, e pela disponibilidade, do outro. Ao convite da alegria que vem de Deus sucede a resposta da disponibilidade do "faça-se em mim". No centro desse quadro, o coração de Deus dado na Palavra do Anjo e o coração de Maria que acolhe a proposta em meio à surpresa da escolha de Deus.

Gabriel, no livro de Daniel, é aquele que anuncia os acontecimentos finais. Nestes tempos que são os últimos – e nos alcançam – Daniel revela a graça e a esperança de Deus que dá seu Filho, nascido de uma mulher, sinal de seu grande amor em vista de nossa salvação.

Maria é uma mulher pobre. Ela é aquela que não tem. Não tem nenhum poder. Não tem dinheiro, posses ou riqueza. Não tem um nome de família nobre. Não vive no centro do poder, Roma, nem no centro da religião, Jerusalém. Mora numa vilazinha perdida numa província insignificante do império romano. A pobreza é o húmus no qual brota a vida nova do Espírito. A pobreza gera o espaço vital para a graça de Deus. Por não possuir e não ter, Maria é a cheia de graça: toda generosa, toda receptividade, toda de Deus. A admiração, que o texto expressa por "perturbou-se" ou "admirou-se" ou "ficou assustada" ou "com medo", não é outra coisa senão o indicativo da ausência de orgulho e soberba em sua personalidade. A admiração se dá frente ao inesperado e surpreendente a quem nunca se julgou merecedora de tal revelação.

Consideremos que essa narrativa se enquadra nos chamados "relatos de vocação". Esse estilo se caracteriza pela presença de um mensageiro que traz ao vocacionado uma proposta de Deus. Nesses relatos o vocacionado apresenta suas resistências e impossibilidades, as quais acabam por sublinhar e enfatizar o caráter divino da proposta e que sua realização se dará pelo poder de Deus num coração humilde. Assim, Maria apresenta suas dificuldades: está prometida em casamento, mas ainda não convive com seu marido. E o Mensageiro esclarece. Tudo se dará por obra do Espírito Santo. Semelhante à nuvem que acompanhou o povo de Deus no deserto, o poder do Altíssimo também será uma sombra de vida e proteção sobre ela.

Gabriel determina o nome daquele que nascerá de Maria: Jesus. O nome bíblico encerra uma missão e Jesus será a salvação de Deus a seu povo. Jesus significa "Deus salva". O texto de nossa contemplação nos faz saber que no filho de Maria Deus cumpre sua promessa a seu servo Davi. E nisso está a importância do pai adotivo de Jesus. José, sendo descendente de Davi, é responsável por inserir o filho de Maria na família da promessa.

Com muita devoção, coloque-se diante do texto bíblico, Lc 1,26-38. Deixe que o texto lhe fale.

Perceba o que fazem Maria e o Anjo. Dialogam em torno da vontade de Deus sobre Maria, sobre o mundo e a salvação da humanidade. Maria, toda de Deus, cumpre com os desejos mais profundos de seu coração na acolhida da Palavra, na escuta. Pede esclarecimento, sem duvidar, e finalmente se revela totalmente pronta para assumir a missão. O Anjo em seu papel de Mensageiro de Deus demonstra sua autoridade e a beleza da mensagem que traz. Esclarece e demonstra naquilo que anuncia o modo como a vontade de Deus se realizará.

Preste atenção às palavras. O Mensageiro se aproxima, revela-se, no conteúdo da própria mensagem, como vindo de Deus. Sua autoridade se mostra na clareza das palavras e nos anúncios que faz à jovem. Maria reage com palavras de admiração, atenção, seriedade e cuidado para, finalmente, proferir as palavras da entrega, da aceitação e do compromisso com Deus: "faça-se!".

Refletir para tirar proveito:

A cada momento você pode refletir sobre si mesmo(a) percebendo os movimentos interiores e tirando o proveito que a ação do Espírito Santo vai produzindo em seu coração. É o Espírito Santo quem atualiza na nossa experiência a verdade do texto bíblico e quem nos faz chegar à força salvífica de Cristo nos Evangelhos. Por isso, a melhor atitude de sua parte é colocar-se presente na cena bíblica, saboreando conforme as moções e sentidos que o Espírito promove em seu coração.

Anotações Espirituais

Dia 25. Segunda-feira
Natal do Senhor

"Encontrareis um recém-nascido envolto em faixas deitado numa manjedoura."
Is 62,11-12 | Sl 96(97),1.6.11-12 | Tt 3,4-7 | Lc 2,15-20

Graça a ser pedida

Senhor, dá-me um coração novo, simples e despojado, capaz de sentir a grande alegria da grandeza do teu nascimento, e que eu, conhecendo a Ti, possa mais Te amar e seguir.

Para a oração deste dia utilizaremos o Evangelho da missa da Aurora: Lucas 2,15-20, em que vemos a visita dos pastores ao presépio.

Composição de lugar:

Os pastores são uma classe desconsiderada pela sociedade do tempo de Jesus. Eles vivem nas montanhas, nos cuidados com suas ovelhas. Têm de migrar de um lado a outro em vista de oferecer o melhor pasto aos seus rebanhos. E, por essa circunstância, vivem isolados, não podendo cumprir as obrigações religiosas. Os sábados, por exemplo, certamente não eram respeitados ao modo do rigor farisaico. Assim, os pastores são considerados pobres, ignorantes e impuros.

"Quando os anjos se afastaram, voltando para o céu..." este versículo nos lembra que esses pobres, ignorantes e impuros foram agraciados pela cantoria da milícia celeste que veio revelar o nascimento do Salvador. Impressiona-nos o Evangelho nos falar que a magnitude dos mensageiros celestes em sua luminosidade aponta que o Salvador, nascido na cidade de Davi, será encontrado "envolto em faixas e deitado na manjedoura". Um sinal sem aparência de divindade. Em nada divino. Possivelmente esses pastores vieram ao mundo exatamente ao modo como o Evangelho nos descreve a vinda do Verbo Eterno de Deus: no meio de animais do campo e numa estrebaria. Talvez tenham sido igualmente envoltos em paninhos e colocados no coxo dos animais para receber destes o sopro quente para não morrerem de frio. O destino do Salvador está, desde o início, irmanado com a vida e o destino dos pobres.

Os pastores prontamente entenderam que deviam seguir o aviso e ir em busca do acontecimento maravilhoso. Neles transparece, como em Maria em sua visita a Izabel, a pressa e prontidão de cumprir a voz do Senhor. Eles estão absorvidos pelo desejo de confirmar a chegada do Salvador. Encontraram o casal e seu recém-nascido na manjedoura. Da madeira que se faz a manjedoura também se faz a cruz. Podemos – como nos sugere Santo Inácio –, olhando esse menino, considerar tudo aquilo que o Salvador irá passar ao longo de sua vida até a morte na cruz para demonstrar a mim seu grande amor. Sim. Tudo por seu grande amor por mim e pela humanidade.

"A presteza dos pastores em atender o convite do anjo nos leva a uma meditação sobre a fé, não como algo doutrinário, mas como confiança no mistério que envolve nossa existência na luz que irrompe em nossa noite, luz do Deus diferente, do Deus próximo, especialmente dos mais pobres" (Pe. J. Konings – Liturgia Dominical, Ed. Vozes, p. 50).

Também aqui transparece a voz que é dada aos pequenos e aos pobres pela intervenção divina. Os pastores anunciam as maravilhas de Deus e todos que os escutam participam desse grande entusiasmo. Seríamos nós tão encerrados em nós próprios a ponto de nos furtarmos a entrar nesse imenso caudal de evangélica alegria? E, assim, podemos nos fazer pequenos ajudantes de José, simples criados a serviço de Maria, auxiliares no cuidado ao santo bebê que no meio dos pobres se encontra.

Vemos os personagens e o que eles fazem. Ouvimos suas palavras. Os pastores em seus louvores e em sua santa e contagiante euforia. José e Maria guardando tudo em seus corações, admirados e silenciosos na reverência a tudo que lhes enche os olhos, os ouvidos e os sentidos. Maria medita no seu coração aquilo que os pastores contaram. A fé dos simples tem lugar no coração da Mãe do Senhor. O menino, Deus no meio da gente, Deus conosco, Jesus, o Emanuel: frágil como todo ser humano que vem a este mundo, tão Deus que arranca de nosso peito o melhor de nós no amor cuidadoso e atento em vista de oferecer o máximo cuidado.

Com o uso da imaginação podemos ver os ambientes. Conversar com um ou outro personagem, tomar o menino nos braços. Com a simplicidade da contemplação, deixemos que o Espírito Santo nos conduza no mistério da encarnação do Verbo de Deus no seio na humanidade. Saboreemos a singeleza deste quadro que o Evangelho nos desenha.

Refletir para tirar proveito:

A cada momento você pode refletir sobre si mesmo(a), percebendo os movimentos interiores e tirando o proveito que a ação do Espírito Santo vai produzindo em seu coração. É o Espírito Santo quem atualiza na nossa experiência a verdade do texto bíblico e quem nos faz chegar à força salvífica de Cristo nos Evangelhos. Por isso, a melhor atitude de sua parte é colocar-se presente na cena bíblica, saboreando conforme as moções e sentidos que o Espírito promove em seu coração.

Anotações Espirituais

Dia 26. Terça-feira
2º Dia da Oitava de Natal

Santo Estêvão, protomártir
"Com os olhos fixos nele, tiveram a impressão de ver em seu rosto o rosto de um anjo."
At 6,8-10.7,54-59 | Sl 30(31),3cd-4.6 e 8ab.16bc e 17 (R. 6a) | Mt 10,17-22

Graça a ser pedida
Senhor, dá-me a coragem necessária para participar sem reservas da construção de teu Reino, desejando viver um tal testemunho semelhante ao do diácono Estêvão.

O destino do discípulo é seguir o Mestre. Se, por um lado, contemplamos nestes dias a singeleza do presépio, por outro, temos de "alongar nossos sentidos" nos dando conta de que Este – Salvador do Mundo, Verbo Encarnado de Deus – passou sua vida fazendo o bem e deu por nós sua última gota de sangue no alto da cruz. Deste modo, compreendemos a razão de – em meio ao ciclo do Natal – nos depararmos com a recordação do martírio do diácono Estêvão. Note-se que na descrição do processo de condenação e da morte de Estêvão, os Atos dos Apóstolos colocam em paralelo o discípulo e o Mestre no modo como se sucedem as perseguições, as acusações, o tribunal e, no derradeiro suspiro, também Estêvão morre perdoando seus algozes.

Composição de lugar:

O relato de seu martírio se encontra bem descrito ao longo dos capítulos 6 e 7 dos Atos dos Apóstolos. Ali vemos que ele foi um dos instituídos para o cuidado das viúvas dos gregos e seu nome abre a lista dos escolhidos para o diaconato, cuja missão seria auxiliar os Apóstolos, liberando-os para a pregação da Palavra. Estêvão é qualificado como um homem cheio de fé e do Espírito Santo. Na leitura que a liturgia nos propõe, os primeiros versículos nos dizem da força e eficácia do Espírito Santo na missão de Estêvão: "cheio de graça e de poder, Estêvão operava prodígios e grandes sinais entre o povo". Se não era sua função a pregação da Palavra, podemos intuir, portanto, que é o seu exemplo e a vivência da caridade aquilo que primeiro transparece de sua vida, e, "ao produzir prodígios" no meio do povo, incomoda e cria adversários. No entanto, podemos perceber que o Espírito Santo também atua em Estêvão, fortalecendo seu entendimento e colocando em seus lábios as palavras corretas, cumprindo exatamente aquilo que o Evangelho anuncia ao dizer que o Espírito Santo colocará na boca dos discípulos a sua defesa nos tribunais. Estêvão é capaz de dar a razão de sua fé e explicar os motivos pelos quais faz o que faz no cuidado com os pobres.

A Sinagoga – curiosamente chamada de "dos libertos" – promove a perseguição contra Estêvão. O longo debate se desenvolve pelo capítulo 7 dos Atos. E na iminência do trágico desfecho, Estêvão é consolado com a visão da glória de Deus, vendo Jesus à direita de Deus. E ao declarar essa visão, os seus adversários são tomados por uma violência incontrolável, arrastam-no para fora da cidade e o apedrejam. O discípulo não responde à violência com violência, mas sua resposta é o perdão. Entrega sua vida nas mãos de seu Senhor e Salvador e pede por seus assassinos.

A morte de Estêvão foi testemunhada por Paulo, ainda nomeado como Saulo. Aos seus pés foram depositados os mantos daqueles que apedrejaram Estêvão, isto é, a morte do discípulo de Jesus teve sua aprovação. Paulo não viu a morte de Jesus, mas vê a morte de Estêvão. E podemos intuir que este acontecimento terá sido o germe que eclodirá em intensa luz no caminho de Damasco, mudando completamente sua vida.

Para a nossa oração leiamos o texto da primeira leitura da missa deste dia, resumo do martírio de Estêvão, e leiamos o Evangelho. Deixemos que nossa compreensão vá fazendo a conexão entre os dois textos percebendo como as palavras do Evangelho dão sentido para a morte de Estêvão. Fixemos nossa atenção especialmente na imagem do testemunho que o discípulo tem de viver e na promessa da assistência do Espírito Santo nos momentos de embate e perseguição.

Com nossa imaginação, vejamos os lugares: a sinagoga, a rua que leva para fora da cidade. Vejamos os adversários imbuídos de uma ferocidade e violência no autoengano de pensarem estar servindo a Deus na maldade que promovem. A ira que toma conta de seus corações e o modo como reagem à inocência, liberdade e sabedoria que podemos perceber no diácono Estêvão.

Notemos as ações. Deixemos que a tristeza toque nossos sentidos vendo a dureza dos corações em sua má compreensão de Deus e sua vontade. Eles matam pensando estar agradando a Deus. Deixemos que a coragem e o testemunho do Santo nos inflame os sentidos e nos faça desejar também entregar nossa vida como testemunho no seguimento de Jesus. Refletir e tirar proveito. Reze e agradeça ao Senhor que deu ao ser humano o poder de entrega total da vida em prol do anúncio da boa nova da Salvação.

Refletir para tirar proveito:

A cada momento você pode refletir sobre si mesmo(a), percebendo os movimentos interiores e tirando proveito que a ação do Espírito Santo vai produzindo em seu coração. É o Espírito Santo quem atualiza na nossa experiência a verdade do texto bíblico e quem nos faz chegar à força salvífica de Cristo nos Evangelhos. Por isso, a melhor atitude de sua parte é colocar-se presente na cena bíblica, saboreando conforme as moções e sentidos que o Espírito promove em seu coração.

Anotações Espirituais

Dia 27. Quarta-feira
3º Dia da Oitava de Natal

São João, Apóstolo e Evangelista
"O outro discípulo que chegou primeiro ao sepulcro: e viu e creu."
1Jo 1,1-4 | Sl 96(97),1-2.5-6.11-12 (R. 12a) | Jo 20,2-8

Graça a ser pedida

Senhor, que o túmulo vazio me faça descobrir tua presença ressuscitada que muda a história. Que eu possa ser ministro(a) da ressurreição, discernindo a melhor forma de servir o Senhor ressuscitado.

Celebramos hoje a festa de São João Evangelista, o discípulo amado de Jesus. É um momento oportuno para pensarmos no nosso seguimento a Jesus e na qualidade do nosso amor dedicado a Ele.

Composição do lugar:

Maria Madalena está inquieta e procura Jesus. Triste com tudo o que aconteceu, ela se põe a caminho e vai depressa para onde julga que Ele se encontra. É a primeira a sair em busca dele. Encontra o túmulo vazio e não percebe seu significado e nem o que se passou. Pensando que haviam roubado o corpo do mestre, vai correndo contar o acontecido a Simão Pedro e ao outro discípulo, que Jesus amava. Eles vão correndo ver. Três olhares, três formas distintas de ver a mesma realidade: Madalena vê o exterior e vai, inquieta, pedir ajuda; Pedro vê os pormenores e interroga-se; João vê e acredita!

Por que é exatamente o discípulo amado o primeiro a acreditar? João quer indicar que o amor é que dá a capacidade de intuição, a capacidade de entender o sentido profundo do mistério do Deus que é amor. Quem ama, acredita. Se a paixão cega, o amor abre os olhos.

Na ressurreição encontro a esperança. Jesus morreu, mas ressuscitou. Ele não está mais no túmulo, ele derrotou a morte. Às vezes é difícil encontrar o positivo quando estou cercado(a) pelo negativo neste mundo. Quantas vezes não fico na tristeza do túmulo vazio e não percebo que algo de grandioso está para acontecer?

Apesar das muitas vezes que Jesus os tinha avisado, não tinham percebido o sentido das suas palavras. Tal como aconteceu com os discípulos, muitas vezes preciso de tempo para perceber o que Jesus me diz. Quantas vezes na vida, depois de um período de dificuldades e sem esperança, tudo faz sentido?

Inspiro-me nesta passagem, aprendendo a confiar em Deus, sobretudo nos períodos difíceis da minha vida, em que parece não haver saída?

Sempre que compartilho compaixão, justiça, reconciliação, fé e encorajo os outros a serem pessoas de esperança, sou pessoa da ressurreição e ministro(a) da ressurreição. Jesus ressuscita da morte cada vez que vivo o seu modo de vida. Posso fazer isso nas várias maneiras de mostrar cuidado e preocupação com a vida e os problemas dos outros.

Com os olhos da imaginação vejo o caminho, os guardas, o local onde se encontra o túmulo, se é plano ou em declive, a paisagem...

Volto a ler o texto e imagino a cena e os sentimentos nela contidos: surpresa, desalento, paz?

Embora ainda não tivessem entendido, repararam em todos os pormenores que conheciam, havia um sinal de ordem...

Jesus deixara os sinais para que os seus amigos pudessem perceber o significado de tudo o que se tinha passado. Será que estou atento aos sinais que Jesus vai deixando na minha vida? Como é a qualidade do meu olhar? Sou capaz de ver para além do imediato, com os olhos da Fé? Como procuro ver a realidade mais profunda que se esconde "por dentro" de cada situação?

Refletir para tirar proveito:

A cada momento você pode refletir sobre si mesmo(a) percebendo os movimentos interiores e tirando o proveito que a ação do Espírito Santo vai produzindo em seu coração. É o Espírito Santo quem atualiza na nossa experiência a verdade do texto bíblico e quem nos faz chegar à força salvífica de Cristo nos Evangelhos. Por isso, a melhor atitude de sua parte é colocar-se presente na cena bíblica, saboreando-a conforme as moções e sentidos que o Espírito promove em seu coração.

Dia 28. Quinta-feira
4° Dia da Oitava de Natal

Santos Inocentes, mártires
"Levanta-te, toma o menino e sua mãe, e foge para o Egito."
1Jo 1,5-2,2 | Sl 123(124),2-3.4-5.7b-8 (R. 7a) | Mt 2,13-18

Graça a ser pedida
Senhor, que eu não seja surdo(a) aos gritos de dor de tantos inocentes.

OS EMIGRANTES
Ir. Francisco Fagundes, SJ

Emigrantes, todos somos.
Possuímos nossos sonhos,
De chegarmos um dia,
Na pátria prometida
Para nós oferecida,
Enchendo-nos de euforia!
Existem emigrantes,
Vítimas inocentes,
Deixando seus lares,
Buscando a proteção
Tendo só uma intenção:
Buscar a normalidade.

Composição do lugar:

O Evangelho de Mateus destaca o papel que José desempenhou no plano de Deus. Seu papel era proteger Maria e Jesus, mas também agir em resposta à vontade de Deus. Seguindo a ordem dos anjos, José levou Maria e Jesus para o Egito para protegê-los de Herodes. Tornaram-se refugiados para evitar a perseguição. E se alguma vez passou pela cabeça e pelo coração de José que teria uma vida facilitada, tranquila, Deus o fez perceber que não seria assim. A chegada de Jesus era para mudar definitivamente a vida daquela pequena família de Nazaré.

Considere aqui como Herodes, nutrido pela ganância, inveja, ódio e medo de perder privilégios não hesita em mandar matar inocentes para garantir seu poder. É assim que funciona ainda hoje. Às vezes essa morte é lenta, vai corroendo por baixo, para garantir uma promoção no emprego. Desqualifico o outro com *fake news* para que ele não ocupe um lugar que considero meu. A fome que mata para que outros tenham muito lucro... Sou parecido(a) com Herodes em algumas atitudes que tomo na minha vida?

Todos os anos, milhões de pessoas no mundo fogem de seus países e casas por causa da perseguição, fome, pobreza e guerra. Qual é a minha atitude em relação aos refugiados e imigrantes na minha comunidade e no meu país?

As crianças mortas por Herodes simbolizam o martírio de inocentes que ocorre também hoje. É um quadro horrendo que desafia a fé e a justiça. Não é fácil responder a esse cenário de horror, falta de cuidado dos genitores, da sociedade em geral.

É missão de cada um se desinstalar e promover a vida. Jesus, ajuda-me a olhar o presépio e ver a paz, a infância, o mistério, o calor que traz proteção e a me unir a tantos outros irmãos que lutam para que todas as crianças tenham uma infância segura e possam crescer em sabedoria e graça, como Tu crescestes.

Com os olhos da imaginação vejo o local onde José, Maria e o Menino estão dormindo. A reação de José ao receber o aviso de que terá de partir.

Contemple José e a sua atenção permanente à voz de Deus; a sua obediência incondicional à voz que desinstala quem a segue e a quer ouvir.

Permito que minha imaginação viva com a cena. Reflito para tirar proveito. Permito que a imaginação veja as cenas de martírio dos inocentes de hoje, da região onde vivo, da cidade, da comunidade, da rua. Como alivio a dor desses inocentes?

Refletir para tirar proveito:

A cada momento você pode refletir sobre si mesmo(a), percebendo os movimentos interiores e tirando o proveito que a ação do Espírito Santo vai produzindo em seu coração. É o Espírito Santo quem atualiza na nossa experiência a verdade do texto bíblico e quem nos faz chegar à força salvífica de Cristo nos Evangelhos. Por isso, a melhor atitude de sua parte é colocar-se presente na cena bíblica, saboreando conforme as moções e sentidos que o Espírito promove em seu coração.

Dia 29. Sexta-feira
5º Dia da Oitava de Natal

"Meus olhos viram a tua salvação."
1Jo 2,3-11 | Sl 95(96),1-2a.2b-3.5b-6 (R. 11a) | Lc 2,22-35

Graça a ser pedida
Senhor, que, como Simeão, eu possa reconhecê-lo quando tu te revelares a mim em minha vida.

A purificação da mãe era uma prescrição legal (Lv 12,1-8). A consagração do primeiro filho confirma a santidade de Jesus, que foi consagrado a Deus desde o começo da vida, pelo poder santificador do Espírito Santo (Lc 1,35); por isso, seu lugar é o templo, onde entra para se revelar como luz das nações e glória de Israel (Lc 2,32).

Composição do lugar:

O testemunho de Simeão revela a missão de Jesus como salvador definitivo. Simeão é um homem justo. Ele espera a "consolação" de Israel, isto é, a salvação prometida ao povo excluído. O encontro do velho com o menino é o encontro de duas épocas. Simeão representa o fim da espera pela salvação e Jesus representa o início de novo tempo de salvação. O velho Simeão, o "servo", pode despedir-se, pode ir em paz, porque seus olhos viram "aquele que muitos reis e profetas desejaram ver e não viram" (Lc 10,24). Simeão faz um ato de fé, apresenta a missão salvadora de Jesus, atribuindo a Jesus títulos reservados a Deus: luz e glória.

> Jesus é salvador, mas é "sinal de contradição (Lc 2,34-35). Ele não vai ser aceito por todos. Será contestado e rejeitado, principalmente pela classe dominante e pelos pobres submissos a essa classe. É escândalo e ruína para os que O rejeitam. Por isso, diante de Jesus é preciso decisão corajosa. Não é possível ficar neutro(a) diante de sua pessoa e de sua proposta. As palavras de Simeão se referem à rejeição de Jesus, que terá seu ponto alto na sua morte violenta. Isso vai trazer dor para a mãe, "a espada que atravessa a alma". Maria vai suportar dor e sofrimento com firmeza, com esperança.

Também hoje os cristãos, discípulos e discípulas de Jesus, têm o coração atravessado pela espada do sofrimento. Isso é sinal de que estão seguindo o Salvador, que é sinal de contradição.

É preciso reforçar a opção por Jesus e pela solução que ele traz, sabendo carregar a cruz, na esperança, enquanto não chega a ressureição, os tempos de glória.

Um dos motivos da rejeição a Jesus foi sua opção pelos pobres, doentes e excluídos. Os que querem seguir a Jesus, participando das mesmas opções dele, precisam ser fortes e não desanimar com a espada que atravessa a alma. Maria venceu a dor com esperança. Seu carinho maternal, seu exemplo de fortaleza nos ajudarão a vencer também.

Com os olhos da imaginação veja o Templo, as pessoas que lá se encontram. Como percebe a chegada do pobre casal com seu Menino? Veja também a Simeão, como é o olhar dele para o Menino?

A Festa da Apresentação pode acontecer todos os dias, se eu quiser. Isso porque, quando rezo, estou me apresentando diante de Deus. Deus e eu nos encontramos diretamente. Quando Jesus nos diz para rezar sempre, ele está nos convidando a viver nossa vida com essa consciência de Deus. Jesus nos é apresentado todos os dias. Percebo os seus sinais? Encontro sinais de Cristo nas pequenas coisas do cotidiano, na vida, com os outros e nas coisas?

Como Simeão, posso levar a criança nos braços. Talvez a criança acorde e sorria para mim. O que se passa no meu coração quando isso acontece? Simeão louvou a Deus. Dou graças por Deus ser apresentado a mim de uma forma tão tangível e vulnerável.

Refletir para tirar proveito:

A cada momento você pode refletir sobre si mesmo(a), percebendo os movimentos interiores e tirando o proveito que a ação do Espírito Santo vai produzindo em seu coração. É o Espírito Santo quem atualiza na nossa experiência a verdade do texto bíblico e quem nos faz chegar à força salvífica de Cristo nos Evangelhos. Por isso, a melhor atitude de sua parte é colocar-se presente na cena bíblica, saboreando-a conforme as moções e sentidos que o Espírito promove em seu coração.

Dia 30. Sábado
6º Dia da Oitava de Natal

Repetição da Semana

Você pode ler o texto do Evangelho para tê-lo presente como pano de fundo, pois o texto para a oração de hoje são as anotações que você fez durante a semana.

A proposta de oração para o Sábado é de fazer uma repetição inaciana. Trata-se de perceber como Deus o conduziu ao longo da semana de oração. Segundo o Pe. Adroaldo, "a repetição ajuda a perceber as constantes de Deus" (Retiro quaresmal, 2015).

Para ajudar na oração siga os passos abaixo.

REPETIÇÃO INACIANA: Encontre o seu lugar sagrado, que deve ser preparado antecipadamente com uma vela, uma cruz, a Palavra de Deus, flores, imagens de devoção pessoal. Pacifique-se fazendo o exercício da respiração, procurando tomar consciência dos barulhos de longe e de perto. Faça com devoção o sinal da cruz e a oração preparatória. "Meu Senhor e meu Deus, que todos os meus sentimentos, desejos e ações estejam ordenados unicamente ao vosso serviço e louvor." Faça o pedido da graça. Então, recorde cuidadosamente os tempos de oração da semana. Pode ser pela memória das experiências vividas na oração ou consultando as anotações feitas no diário espiritual. Perpasse com carinho essa semana. Avalie sua relação com Jesus e com o Pai. O que Deus gravou no seu coração? Por onde o Senhor passou? Que sinais Ele deixou? Como você se sente? Que apelos o Senhor lhe fez? Qual a sua resposta? Converse com o Senhor como um amigo conversa com outro, sem resistência, sem reservas. Converse com o Senhor sobre os sentimentos que essas recordações lhe trazem... Dê graças pela experiência vivenciada, pelos frutos recebidos ao longo da semana e que terão impacto no seu modo de viver. Reze pelos companheiros do grupo de retiro que são de diversas partes dessa pequena porção da Terra. Termine sua oração agradecendo ao Senhor por sua presença amorosa no mundo, no Brasil, no seu Estado, na sua cidade, na sua comunidade e na sua casa, igreja doméstica.

Reze um Pai-Nosso, uma Ave Maria e um Glória ao Pai, terminando sua oração e se despedindo do Senhor, prometendo voltar no dia seguinte. Não deixe de fazer as anotações do que mais o tocou na oração.

Anotações Espirituais

Introdução à Última Semana

Pe. Elcio José de Toledo, SJ

Utilize este QR CODE para assistir ao vídeo com as orientações sobre as orações desta semana.

Introdução

Chegamos à última semana de nosso Retiro de Advento e Natal. Depois de termos rezado o tempo de espera (Advento) e os dias do Nascimento de Jesus, com os eventos que se sucederam logo após o Natal, nesta última semana vamos meditar sobre a identidade de Jesus, ou seja, rezar sobre quem Ele é. Seremos convidados a nos unirmos a Ele, nos identificarmos com a sua missão, respondermos ao chamado para segui-lo; e, ainda, sabermos discernir o que nos afasta do verdadeiro seguimento de Cristo.

Nos dias da semana iremos seguir basicamente dois livros de São João Evangelista: o primeiro capítulo do quarto Evangelho e alguns capítulos da primeira carta que ele escreveu, que já estamos rezando desde o dia 27. Os escritos de João correspondem a pouco mais da metade da semana e estão entre dois grandes acontecimentos: a visita dos pastores ao recém-nascido, com a subsequente circuncisão do menino e sua apresentação no Templo (nos dois primeiros dias), e a visita dos magos, com a manifestação de Jesus a todos os povos, encerrando a semana. Vamos, também, meditar sobre o Batismo do Senhor e sobre nosso compromisso batismal.

As primeiras leituras, sobretudo quando se tratar da 1ª carta de São João, devem ser rezadas meditativamente, lendo devagar cada versículo e interiorizando o que aprendemos sobre o Deus Menino, cuja encarnação e nascimento celebramos. Os textos do Evangelho nos convidam a contemplar os encontros de Jesus, a reação de cada um à proposta de segui-lo e o convite a nos consagrarmos ao Cristo, sobretudo tendo o batismo como sinal da aliança entre Cristo e nós.

A graça a ser pedida nesta semana é o conhecimento íntimo de Jesus, o Deus que se encarnou por amor a nós, para que nós o amemos, entendamos sua proposta de vida e salvação e renovemos nossa convicção de sermos discípulos dele, aprofundando o entendimento do nosso batismo. E, assim sendo, que o sigamos com todo o nosso vigor.

Dia 31. Domingo
— Festa da Sagrada Família: Jesus, Maria e José —

"Pôs-se a louvar a Deus e a falar do menino."
Eclo 3,3-7.14-17 | Sl 127(128),1-2.3.4-5 | Cl 3,12-21 | Lc 2,22-40

Graça a ser pedida
Reconhecer o Cristo entre as pessoas simples.

Composição do lugar:

Imaginar-se em uma festa movimentada, com muitas pessoas diferentes. Pode ser uma festa de réveillon. Tentar perceber no ambiente se as pessoas querem se encontrar com Deus, mesmo sem estar em uma Igreja.

O domingo entre o Natal e o Ano Novo é celebrado na liturgia como o "domingo da Sagrada Família", por isso, os textos das leituras nos falam da relação entre pais e filhos (1ª leitura) e sobre o relacionamento entre os casais (2ª leitura). Claro que tais leituras abordam muito mais do que meras atitudes comportamentais, pois falam de nossa fé e de nossa aliança com Deus e como essa aliança afeta e direciona nossas relações. Os versículos principais para entendermos as leituras são Colossenses 3,12.14 ("Vós sois amados por Deus [...] Amai-vos um aos outros pois o amor é o vínculo da perfeição").

O fato de este ano o domingo da Sagrada Família cair na véspera de Ano Novo torna mais difícil a organização para a oração pessoal, pois há um ambiente de pouco recolhimento em nossas famílias e de muita festa, encontros, barulho, conversas e dispersão. Encontrar um horário para rezar, tanto hoje quanto amanhã, será um grande exercício de disciplina. Para nos ajudar, podemos tomar esse ambiente de festa como a "composição de lugar" de nossa meditação, pois podemos imaginar como estavam os corações de José e Maria nos dias seguintes ao nascimento de Jesus, sobretudo quando foram a Jerusalém apresentar o primogênito ao Senhor. A acolhida em Jerusalém foi mais celebrada que em Belém, pois o menino foi acolhido por Ana e Simeão e por muitas outras pessoas. Certamente havia um ambiente de festa, conversas, encontros e alegria. Podemos tomar o ambiente festivo de nossas casas nesses dias para comparar com o ambiente festivo na Sagrada Família, com a chegada do menino Jesus.

Depois de meditar sobre as duas primeiras leituras, podemos nos aprofundar na contemplação da apresentação do Menino Jesus e o encontro com Simeão e Ana. Os pais de Jesus cumprem tudo o que era prescrito nos costumes judaicos: circuncisão no oitavo dia, purificação da mãe e apresentação do primogênito no Templo. A princípio era um casal comum apresentando mais um recém-nascido. Mas Deus tocou o coração de Simeão e de Ana de tal forma que eles viram mais que os ritos, mais que um simples menino. Foi uma graça de Deus o fato de ter sido revelado a eles quem era verdadeiramente aquele menino.

Nós podemos nos colocar imaginando a cena, observando como os pais circulam no templo, como se alegram, como se preocupam, como celebram. E podemos pedir a graça de ver, em Jesus pobre, humilde e obediente, como a vontade e o plano de salvação de Deus atuam em sua encarnação e em sua vida comum. Vamos estar ao lado de Simeão e Ana e também louvar a Deus e falar para todos sobre nosso encontro com o Deus menino e com a salvação que ele nos traz.

Anotações Espirituais

Dia 1. Segunda-feira
Solenidade de Santa Maria, Mãe de Deus

"Os pastores voltaram, louvando e glorificando a Deus."
Nm 6,22-27 | Sl 66(67),2- 3.5.6.8 (R. 2a) | Gl 4,4-7 | Lc 2,16-21

Graça a ser pedida
Reconhecer o Cristo entre as pessoas simples.

Composição do lugar:

Imaginar-se na cena do presépio. Ver a simplicidade da manjedoura, os cuidados de José, com Maria, e de Maria, com o menino.

Refletir para tirar proveito:

Primeiramente, quero desejar, em nome da equipe do Retiro de Advento e Natal, um feliz 2024 para todos. Como ontem, encontrar um tempo para rezar no dia de hoje será um grande esforço. Mas o que se disse ontem vale também para hoje.

Iniciamos um novo ano. Dois mil e vinte e quatro anos do nascimento de Jesus. Para muitos, é apenas a contagem arbitrária de anos que vão passando. É apenas uma oportunidade de festejar, encontrar amigos e embriagar-se. Mas também pode ser a oportunidade de agradecer a Deus pelo dom da vida e por nos ter permitido viver os anos que já vivemos.

Também a contemplação do nascimento de Jesus pode ser apenas o olhar corriqueiro sobre uma festa que se repete anualmente ou pode nos revelar verdadeiramente o sentido desse nascimento, ou seja, Deus que se faz presente em nossa humanidade. E, a partir daí, nosso ano será novo e nossa vida será realmente nova.

As leituras de hoje nos convidam a olhar para Jesus com olhos de simplicidade e gratidão. A 1ª leitura é uma benção dada por Deus ao seu povo por meio do sacerdote Aarão. Podemos rezar esse texto considerando que o nascimento de Jesus (como, aliás, toda a sua vida) é uma fonte de bênçãos para toda a humanidade. Caso haja essa oportunidade, em algum momento do dia, pode-se fazer essa benção em família, sejam os pais abençoando os filhos, sejam os esposos se abençoando, seja uma bênção sobre as demais pessoas de nosso convívio. Na hora da oração pessoal, pedir que essa benção se estenda a toda a humanidade e que você seja testemunha dela, onde estiver.

Na segunda leitura amplia-se o sentido da benção da primeira leitura. Por Jesus, nascido de Maria, somos Filhos de Deus e herdeiros da promessa. Assim, podemos pedir nessa oração que saibamos rezar em nosso coração chamando Deus de Abbá (nosso Pai querido).

No Evangelho, somos convidados a olhar para Jesus na manjedoura com a mesma simplicidade e alegria dos pastores. Assim como Simeão e Ana, na leitura de ontem, os pastores também encontraram mais que um menino recém-nascido, encontraram uma fonte de benção e de alegria. Certamente, não tinham consciência da importância que teria aquele menino para a história universal, mas o simples contato com ele já os transformou internamente e os motivou a expressar a outras pessoas a alegria que sentiam.

Somos chamados também a contemplar a surpresa de Maria e como ela guardava no coração tudo que ia vendo, ouvindo e pensando. Quantas incertezas? Quantas surpresas? Quantas esperanças? O que podemos aprender de Maria sobre "guardar no coração"? As coisas serão reveladas no tempo oportuno, que é o tempo de Deus. E Maria sabe disso.

E podemos contemplar também, ainda em sintonia com a oração de ontem, Jesus que é circuncidado, justamente no oitavo dia após o nascimento. Com isso, sua encarnação se completa, pois, além de se encarnar, ele também se insere em uma cultura, em uma tradição, e faz dessa tradição a sua consagração a Deus. Podia ser apenas um ato cultural, mas para Jesus é uma complementação da Aliança feita com Abraão, pois, ao se circuncidar, Jesus se faz membro do povo de Deus, um entre os irmãos, e, a partir daí, será o Senhor desse povo.

Na oração de hoje, podemos considerar que compreender o Cristo que nasce humilde, que se consagra dentro de uma tradição, nos torna fonte de bênçãos e de alegria para os demais.

Dia 2. Terça-feira
4º Dia da Oitava de Natal

"Aplainai os caminhos do Senhor!"
1Jo 2,22-28 | Sl 97(98),1.2-3ab.3cd-4 | Jo 1,19-28

> **Graça a ser pedida**
> Aprender a colocar Jesus no centro da vida
> e nos colocarmos a serviço dele.

Composição do lugar:

Imaginar-se em um deserto, ou em um lugar onde as pessoas necessitam de ajuda para sobreviver ou sair de lá. Com que disposição você as ajuda?

Nos próximos cinco dias, continuaremos lendo trechos da 1ª carta de São João. Nela vamos meditar sobre a identidade de Jesus, sobre nossa permanência em Cristo, com o consequente amor a Deus e aos próximos, e ainda seremos alertados sobre aquilo que nos desvia da pertença a Cristo. No trecho de hoje, que deve ser lido versículo por versículo, saboreado e sem pressa, leremos que Jesus é o Cristo que foi prometido, o verdadeiro salvador. Ele é o Filho que nos torna todos filhos com Ele. E devemos meditar nossa pertença a Ele e prestar atenção no que tenta tirar nossa pertença a Cristo. Permanecendo em Jesus, permaneceremos em Deus Pai. E com o Pai permaneceremos também na vida eterna.

Também o Evangelho será, nos próximos quatro dias, uma sequência do 1º capítulo de João. Hoje contemplamos a figura de outro João, o chamado Batista. Ao ser perguntado quem era, João não apresenta seu currículo, ou seja, não diz que é de família sacerdotal (filho do sacerdote Zacarias e de Isabel, ambos da tribo sacerdotal de Levi), nada fala de sua concepção extraordinária, nem de seu tempo de aprendizado no deserto. João não anuncia a si mesmo, por isso ele diz primeiramente quem não era, e nem pretendia ser, isto é, não era o Messias. E, ao responder, ele centra sua resposta em Jesus, ou seja, ele se define a partir de Cristo e não a partir dele mesmo: "Eu sou a voz que anuncia o Cristo ... aquele que prepara o caminho" (cf. Jo 1,23). João não se afirma a si mesmo, mas afirma o Cristo a partir de si. Podemos meditar a nossa missão a partir da missão de João, ou seja, como nos apresentamos a partir de nossa relação com Jesus? João era o que facilitava a ação de Jesus. E nós, quem somos?

Anotações Espirituais

Dia 3. Quarta-feira
5º Dia da Oitava de Natal

"O que espera nele, purifica-se a si mesmo."
1Jo 2,29-3,6 | Sl 97(98),1.3cd.4.5-6 | Jo 1,29-34

> **Graça a ser pedida**
> Consciência do que nos afasta de Cristo e dom de agradecer a Ele por nos dar força para nossa conversão e nosso seguimento.

Composição do lugar:

Imaginar-se às margens do Rio Jordão e diante de pessoas que querem converter suas vidas para Jesus. Na oração de hoje continuaremos a rezar sobre João Batista e seu anúncio do Cristo.

João Batista, embora seja filho de um sacerdote, não optou por servir a Deus no templo, como seu pai (Lc 1,8-9), mas tomou um caminho oposto ao dos sacerdotes. No templo havia os ritos de purificação, feitos com água e sangue de cordeiros oferecidos a Deus, mas João entendia que esses rituais de purificação eram insuficientes se não houvesse um verdadeiro arrependimento e um abandono da vida de pecado. Por isso, a pregação do Batista é um apelo à conversão, afirmando que era necessário mudar de vida para acolher o novo Messias que já estava a caminho.

Quando João vê Jesus, ele proclama que aquele era o único cordeiro que poderia trazer a salvação, pois tinha presenciado a manifestação do Espírito Santo nele: "Eu vi o Espírito descer [...] e permanecer sobre ele" (Jo 1,32). O banho ritual (Batismo com água) era apenas uma intenção de arrependimento, mas o verdadeiro perdão dos pecados estava na adesão a Jesus, entendendo que é dele que vem a força para uma vida nova (Batismo no Espírito).

Na primeira leitura, João diz que "recebemos do Pai um grande presente de amor, sermos chamados filhos de Deus" (cf. 1Jo 3,1). E ser filho de Deus implica praticar a justiça, primeiramente a nós mesmos, pois "o que espera nele, purifica-se a si mesmo" (1Jo 3,3). E ser justos conosco mesmos é abandonar o pecado, tornando-nos mais próximos da salvação que Cristo nos trouxe e mais preparados para seguir o Cristo. O Batismo, ou o banho ritual, é o sinal dessa mudança de vida, dessa purificação interior e de nossa pertença a Deus como filhos e filhas. Mas não é apenas um ritual, e sim uma abertura espiritual para uma vida em Cristo.

Durante a leitura meditada dos textos, vamos pedir a Deus a graça da consciência do que nos afasta de Cristo e agradecer a ele por nos dar força para nossa conversão e nosso seguimento.

Anotações Espirituais

Dia 4. Quinta-feira
6º Dia da Oitava de Natal

"A quem procurais?"
1Jo 3,7-10 | Sl 97(98),1.7-8.9 | Jo 1,35-42

Graça a ser pedida
Conhecer verdadeiramente a Cristo e que nos seja proporcionada uma verdadeira experiência de encontro com Ele.

Composição de lugar:

Imaginar-se diante de Jesus, que convida você a estar com Ele e conhecê-lo.

Na oração de hoje somos convidados a contemplar o chamado dos primeiros discípulos, a experiência que eles tiveram de se encontrar com Jesus e o convite feito a outras pessoas para também seguir o Cristo.

A partir da experiência feita com João Batista, André e o outro discípulo procuram Jesus. A pergunta que Jesus faz a eles pode ser uma pergunta para nós também: "o que estais procurando?" (Jo 1,38). A questão vai no fundo da alma, pois não se trata de responder sobre nossas curiosidades e interesses superficiais, mas sobre o que verdadeiramente buscamos. Ou ainda, qual nosso interesse em Jesus? Jesus não se apresenta nem mostra suas credenciais, mas faz um convite para uma experiência pessoal: "Vinde ver" (Jo 1,39). A experiência do encontro foi forte, e não foi descrita em detalhes, mas os apóstolos realizam um verdadeiro encontro com o Cristo, que encheu a vida deles de sentido e alegria. E é uma alegria contagiante, que não cabe dentro deles e deve extravasar, por isso, André vai logo anunciar sua alegria a seu irmão Simão. O interessante é que André não descreve a experiência que teve de Jesus, mas pede que Simão o procure para que ele tenha sua própria experiência. E é o que acontece quando Jesus lhe muda o nome para Pedro.

A primeira leitura fala das obras de Deus e das do diabo. As obras de Deus são fruto do amor e da justiça e levam a uma integração e harmonia entre as pessoas. Nas obras do diabo falta o amor às pessoas e, consequentemente, falta justiça. Diante da pergunta de Jesus: "o que estais procurando?"

(Jo 1,37), podemos pensar em nosso amor e senso de justiça. Eu busco em Jesus algo que me preencha e dê sentido à minha vida? O que busco me move a partilhar com as outras pessoas, querendo o bem delas também? Eu aceito que Jesus me transforme, ou me dê uma missão?

Anotações Espirituais

Dia 5. Sexta-feira
7º Dia da Oitava de Natal

"Amemos uns aos outros."
1Jo 3,11-21 | Sl 99(100),2.3.4.5 | Jo 1,43-51

Graça a ser pedida
Viver o verdadeiro amor, que é praticar as obras de justiça para que Jesus seja conhecido, testemunhado e amado pelas pessoas, mesmo as mais descrentes.

Composição de Lugar:

Imaginar-se diante de seus amigos e amigas e recordar das conversas com eles. Quantos precisam que se lhes apresente o Cristo?

Na oração de hoje vamos rezar sobre a importância do amor e do testemunho. A primeira leitura trata de um tema muito presente na carta de João: o amor a Deus que se manifesta no amor ao próximo. Todos os versículos de hoje insistirão no amor que promove a justiça aos irmãos.

Um dos gestos de amor é dar testemunho de Cristo. E o encontro de Jesus com os amigos Felipe e Natanael demonstra o poder de um testemunho e de como conseguir o amor e o respeito do próximo. Felipe se encontra com Jesus e, assim como André no Evangelho de ontem, vai logo testemunhar o Cristo para seu amigo Natanael. No entanto, as palavras de Felipe não animam o amigo, antes, mais o desestimulam: *"Mas de Nazaré pode vir algo bom?"* (Jo 1,46). Pelas palavras, Natanael não iria; mas, pelo entusiasmo demonstrado e pelo respeito e amizade que tinha por Felipe, ele foi. Sem o testemunho do amigo, talvez Natanael nunca tivesse sido apóstolo.

E, novamente, o fundamental foi o encontro com Jesus. Jesus acolhe Natanael com amor, respeito e valorização. Por ter sentido o carisma de Jesus, ele percebeu que estava diante de um homem que era mais que um sábio e creu que ele era o Filho de Deus. O interessante é que, se Natanael foi com ceticismo ao encontro de Jesus, não foi preciso muito para que mudasse de opinião, pois bastou perceber que era conhecido pelo Mestre. Natanael nos dá um exemplo de inteligência e desapego às falsas ideias e preconceitos, pois não tem vergonha de voltar atrás e reconhecer o Nazareno como o Cristo.

Podemos rezar esses textos, pedindo a graça de viver o verdadeiro amor, que é praticar as obras de justiça para que Jesus seja conhecido, testemunhado e amado pelas pessoas, mesmo as mais descrentes. É uma graça que se pode conseguir com a ajuda de Deus e o testemunho de nosso amor.

Anotações Espirituais

Dia 6. Sábado
8º Dia da Oitava de Natal

"Quem é o vencedor do mundo senão aquele que crê que Jesus é o Filho de Deus?"
1Jo 5,5-13 | Sl 147(147B),12-13.14-15.19-20 | Mc 1,7-11

Graça a ser pedida
A graça de cumprir os compromissos assumidos no batismo.

Composição do lugar:

Recordar ou imaginar o dia de seu batismo, seus pais e padrinhos e imaginar-se na cena da consagração e dos compromissos assumidos.

Refletir para tirar proveito:

Hoje vamos rezar sobre o Batismo de Jesus e, consequentemente, sobre o nosso, a partir da palavra **compromisso**. Pois ao ser batizado por João, Jesus assume vários compromissos.

Um compromisso com o **passado**, pois ao entrar nas águas do Jordão, Jesus volta ao local onde terminou a história de escravidão de seu povo. Explicando... os hebreus, que eram escravos no Egito, foram libertados por Deus após a travessia de dois rios, o *Mar Vermelho*, quando se iniciou um período de quarenta anos de formação e provação no deserto, e o *Jordão*, quando se concluiu a travessia do deserto e o povo entrou na terra prometida. Isso quer dizer que, para passar da escravidão à liberdade, o povo teve de atravessar as águas. E é justamente às margens desse segundo rio, onde terminou a missão de Moisés, que começou a missão de Jesus.

O Jordão era o local de se esperar o "novo Moisés" que faria o povo entrar definitivamente na terra prometida. O batismo de João entra nessa perspectiva, pois para ele a entrada na terra prometida não era apenas um exercício de mudança de lugar geográfico, mas uma mudança de atitudes, ou seja, *para se alcançar a liberdade não basta mudar de lugar, mas é necessário mudar de vida*.

Ao aceitar o batismo de João, Jesus assume os mesmos compromissos de João, de recuperar as esperanças do passado e ler a promessa de Javé a Moisés como "a ser realizada", pois a realidade presente não significa a *terra prometida por Deus,* ou, em suas palavras, o Reino de Deus. Existe compromisso com as promessas do passado, mas não com as estruturas pecaminosas do presente.

No entanto, existe também **compromisso com o presente**, pois é a partir do sofrimento das pessoas que Jesus vai pregar o Reino de Deus. Com o compromisso de anunciar a boa nova aos pobres, Jesus assume a missão iniciada por João e a leva a pleno cumprimento. A realidade do Reino de Deus chega quando as pessoas querem mudar de vida e pautam essa mudança nas esperanças de justiça que sempre acompanharam as profecias sobre o Messias. O compromisso com o presente é com as pessoas necessitadas de uma esperança, uma "boa notícia".

Existe também o **compromisso com o futuro e com a universalidade.** Esse compromisso leva à missão de anunciar o Reino de Deus a todas as pessoas, em todos os tempos e em todos os lugares. O batismo é o sinal desse Reino de Deus que se torna uma realidade com a conversão a Cristo.

Rezando sobre o **nosso batismo.** Ele deve ser compromisso com o passado, com as tradições, com os sentimentos dos cristãos, com os ensinamentos sobre o Evangelho que recebemos da tradição. Devemos saber que quando nos batizamos (ou aceitamos o nosso batismo) estamos "atravessando o Jordão" e chegando a uma terra de liberdade longe da escravidão do pecado, assim como todos os que nos antecederam. Claro que nosso compromisso é com o anúncio do Reino de Deus e não com a perenidade das estruturas, que podem se tornar obsoletas e não mais ajudar a promover o Reino de Deus.

Temos compromisso com o presente, quando nosso batismo nos compromete com a salvação dos pobres e dos pecadores, quando assumimos, como tarefa nossa, a construção de um mundo que se pareça com o Reino de Deus.

Temos compromisso com o futuro, pois é um futuro melhor que queremos. Nossa preocupação é também com a evangelização das crianças, para que conheçam a mensagem de Jesus e pautem sua formação para a construção do Reino que Jesus pregou.

A primeira leitura também menciona o batismo (a água que dá testemunho). Peçamos nessa oração que os compromissos que Cristo assumiu no batismo, também nos comprometam com Ele.

Dia 7. Domingo
Epifania do Senhor

"Vimos sua estrela e viemos homenageá-lo"
Is 60,1-6 | Sl 71(72),1-2.7-8.10-11.12-13 | Ef 3,2-3a.5-6 | Mt 2,1-12

Graça a ser pedida
Encontrar Jesus entre os simples e pobres.

Composição de lugar:

Imaginar-se diante do presépio e recordar todas as pessoas que se encontraram com o menino Jesus. Recordar também de seu encontro com ele.

Na última meditação do nosso retiro, vamos rezar a visita dos Magos a Jesus.

No contexto da Palestina do século primeiro, os magos seriam representantes de reis estrangeiros. A missão deles era se fazerem presentes nos atos sociais, como casamentos, aniversários, nascimento de filhos etc., e com isso fazer uma política de boa vizinhança e manter as boas relações entre os países. Assim se garantia uma paz diplomática entre os reinos. É nesse sentido que se situam os magos que vieram visitar Jesus e trouxeram presentes para "o rei dos judeus que acaba de nascer" (Mt 2,2).

Provavelmente os judeus remanescentes no oriente, quando do exílio da Babilônia, associados aos sábios astrônomos babilônios, interpretaram as escrituras e associaram-na aos astros. Assim interpretaram que já deveria ser o tempo do Rei-Messias nascer. Para garantir as boas relações com a Palestina, enviaram os magos. Mas, para surpresa deles, o rei nascido não estava no palácio, ali não havia nem notícia dele. Seria ocasião para os magos regressarem, mas é aí que a história começa a ser entendida sob a perspectiva cristã.

Os magos vieram em busca da paz diplomática, em sentido político. E a procuraram entre os poderosos. Poderiam ter encontrado essa paz de conveniência, fruto da ameaça, do medo, da submissão e da humilhação.

Poderiam tê-la encontrado se fizessem o que Herodes propôs: "Ide e encontrai o menino, e depois avisai-me para que também eu vá adorá-lo" (Mt 2,8). Caso avisassem Herodes da localização do menino, eles garantiriam a amizade com o poderoso hierarca e com isso garantiriam a paz diplomática.

Eles, porém, encontraram mais que um sentido político para sua missão. Encontram um povoado simples, uma mãe e seu filho. Diz-se que nesse momento novamente se encontraram com a estrela-guia, que nesse contexto é o sentido da viagem. Foi por causa do sinal da estrela que eles saíram, mas a estrela não estava em Jerusalém e sim, em Belém. Eles se alegram ao ver a estrela porque reencontraram o sentido real de sua missão e reconheceram naquela criança o sinal da verdadeira paz. Provavelmente perceberam que o povo, tão sofrido, não poderia ser representado por um rei acomodado em seu palácio. O verdadeiro líder abençoado por Deus só poderia ser alguém que se faz igual ao seu povo. Os presentes são simbólicos e significam realeza (ouro), divindade ou benção de Deus (incenso) e sacrifício ou oblação (mirra).

Os magos voltam por outro caminho, não mais pelo de Herodes. Não mais pelo caminho da paz aparente, mas pelo caminho do comprometimento com o verdadeiro rei e com a verdadeira paz.

Podemos aprender, na oração de hoje, que Jesus é o rei da paz, mas não da paz que vem da submissão e sim daquela que vem a partir das necessidades dos fracos e pequeninos. É o rei de uma paz que deve ser construída com a presença entre os pobres e não da paz diplomática que é feita nos luxuosos palácios. Os magos, acostumados às cortesias palacianas, só encontraram o verdadeiro rei quando saíram desse ambiente e o procuraram na simplicidade. Nesse momento, também Deus se abriu para eles e os fez merecedores de sua graça ("os pagãos são admitidos à mesma herança, são membros do mesmo corpo [...] em Jesus Cristo". Ef 3,6).

Vamos pedir que nós também aprendamos a procurar o verdadeiro rei em seu palácio e não nos palácios de Herodes.

Oração de revisão da caminhada

Terminado este Retiro de Advento e Natal, propomos como encerramento uma oração de revisitação de toda a sua caminhada, de modo que possa apreciar e saborear junto com o Senhor os frutos colhidos ao longo dessa jornada.

Como os magos, seguimos por longo tempo "uma estrela"; não uma estrela qualquer, mas a própria Luz que é o Cristo Ressuscitado. Com Ele rezamos todas essas semanas, esperamos, silenciamos, partilhamos, nos alegramos e nos afligimos. A vida pessoal iluminada por Deus, pela Palavra geradora de vida, ganha novas cores, novo sabor, torna-se nova vida em Cristo.

Terminado esse trecho do peregrinar buscando conhecer mais intimamente a Deus, façamos como o "garimpeiro", recolhamos as "pepitas de ouro" que encontramos no rio de nossa vida.

Estes passos podem ajudar:

1. Peça ao Espírito Santo a graça de perceber por onde Deus o(a) conduziu neste Retiro.
2. Dê graças pela caminhada e por alguns momentos em particular: as luzes, o comprometimento, o grupo ou pessoa com quem partilhou...
3. Revise a sua caminhada: como foi a experiência? Sua disposição, seu comprometimento. O material, o que ajudou, o que atrapalhou...
4. Leia suas anotações dos sábados com tranquilidade, pois elas sintetizam cada semana rezada. Deixe-as ecoar em seu coração, perceba as moções, os movimentos interiores: o que mais se repete? O que parece "destoar"? Quais sentimentos, palavras, apelos, resistências mais aparecem?
5. Converse com Deus sobre o que percebe agora, sobre "as pepitas" que recolhe. Esta leitura resumida pode ajudar a "ler" as marcas que Deus deixou neste Retiro, que são pistas para sua caminhada no cotidiano com um olhar renovado.

6. Depois, reflita para tirar proveito: este tempo de Retiro do Advento e Natal me mostrou como posso mudar meu caminho para seguir mais de perto o Senhor Jesus? A que novas atitudes o Senhor me convida e que missão Ele me confia?
7. Você pode fazer um compromisso, de acordo com os frutos do Retiro. Algo concreto, simples, de que você dê conta, mas o(a) ajude no crescimento da fé, da esperança e da caridade, virtudes que mais nos aproximam de Deus (teologais);
8. Por fim, depois de terminar sua oração de resumo, faça a revisão da oração e anote o principal, seu compromisso ou, quem sabe, até escreva uma oração ao Deus-Menino.

Esperamos que tenha aproveitado essa experiência e feito uma profunda peregrinação até a manjedoura de Belém, a se desdobrar mundo afora na forma de amor e serviço.

Mas, como você sabe, o encontro com Cristo é diário. Por isso, deixamos abaixo alguns *sites* em que você encontrará informações valiosas e material para aprofundamento sobre a espiritualidade inaciana e este Ano Inaciano que estamos vivenciando.

Se quiser, procure um grupo inaciano, como os Núcleos Inacianos ou as Comunidades de Vida Cristãs (CVX), caso existam em sua cidade. Neles você poderá experimentar a vivência de leigos que seguem, na realidade de suas vidas, os passos de Santo Inácio.

Agradeceremos se você puder nos enviar sua avaliação sobre este Retiro (o material, a linguagem, o conteúdo), com sugestões, críticas, elogios ou mesmo contar sua experiência. Tudo isso nos ajudará a melhorar as próximas edições. Pode nos enviar essas informações pelo *e-mail*: secretario.espiritualidade@jesuitasbrasil.org.br.

Sigamos juntos no compromisso de em tudo amar e servir, com os critérios, as opções e os valores do Cristo, que se encarnou por nós, fazendo novas todas as coisas!

Para mais informações sobre a Espiritualidade Inaciana:
secretario.espiritualidade@jesuitasbrasil.org.br
redeservir.com.br
cvx.org.br
nucleosinacianos.org.br
revistaitaici.com.br

Anotações Espirituais

Edições Loyola
editoração impressão acabamento
rua 1822 n° 341
04216-000 são paulo sp
T 55 11 3385 8500/8501 • 2063 4275
www.loyola.com.br